跨境电商

平台运营实战指南

霍昊扬 ◎ 著

U0314446

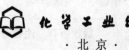
化学工业出版社

·北京·

内容简介

跨境电商能够创造大量就业机会，带动二、三产业和地方经济发展。对于卖家而言，跨境电商是实现销量增长的有力途径；对于买家而言，跨境电商丰富了他们的购物选择，商品在全球范围内有序流动。

《跨境电商：平台运营实战指南》共13章，分别从跨境电商的商业逻辑，第三方服务平台的选择，跨境电商的物流、出入境、税务等方面进行阐释，并介绍了一些目前主流的跨境电商实用工具，致力于帮助卖家全方位、多角度地提升店铺的运营效率。本书兼具实用性与理论性，引入多种实战场景，能够帮助卖家更快、更好地找到解决问题的方法。

图书在版编目（CIP）数据

跨境电商：平台运营实战指南/霍昊扬著. —北京：化学工业出版社，2023.10
ISBN 978-7-122-43812-6

Ⅰ.①跨…　Ⅱ.①霍…　Ⅲ.①电子商务-经营管理-指南　Ⅳ.①F713.365.1-62

中国国家版本馆CIP数据核字（2023）第131033号

责任编辑：刘　丹
责任校对：王　静
装帧设计：王晓宇

出版发行：化学工业出版社
　　　　　（北京市东城区青年湖南街13号　邮政编码100011）
印　　装：三河市延风印装有限公司
710mm×1000mm　1/16　印张14¼　字数162千字
2023年11月北京第1版第1次印刷

购书咨询：010-64518888
售后服务：010-64518899
网　　址：http://www.cip.com.cn
凡购买本书，如有缺损质量问题，本社销售中心负责调换。

定　　价：78.00元

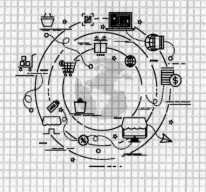

近年来，我国跨境电商快速发展，成为进出口贸易的重要组成部分，也是最具发展活力和潜力的贸易业态。

我国的跨境电商起步于20世纪90年代末，从B2B、跨境零售站等模式，发展到如今的全球开店、直播带货等模式，形成了庞大的产业规模和完善的产业链。首先，跨境电商产业成为我国重要的贸易新业态，包含跨境零售、跨境物流、第三方跨境支付、海外仓等环节的跨境电商产业链快速完善，产业生态迸发出巨大的活力。其次，跨境电商推动传统贸易模式数字化转型升级，让线上推广、线上开店成为传统贸易企业的新选择。再次，跨境电商加速"新国潮"品牌出海，让更多中国品牌走向世界。最后，跨境电商持续强化政策创新，为培育外贸新增长点提供了有力支撑。

我国跨境电商在快速发展的同时，其内外部环境也发生了根本性的变化。从前，我国跨境电商企业以中小企业为主，经营方式粗放，受平台规则影响大，业务稳定性差。例如，2021年，亚马逊大规模封店事件就打了我国很多跨境电商企业一个措手不及。加之近年来广告、运输、仓储配送、供应链等成本的提升，倒逼跨境电商企业不得不改变经营模式，向商品品牌化、运营规范化、渠道多元化等方向发展。

本书主要帮助入门级跨境电商卖家解决以下问题：都说跨境电商赚钱，"我"为什么不赚钱？这么多平台"我"要选择哪一个？"我"如何才能找到合适的物流服务商？"我"的外语不好，要怎样和海外买家交流？"我"的流动资金无法回笼怎么办？如何通过资本运作以及融资的方式，解决跨境电商数据化运营及资本化运营的问题？

本书围绕跨境电商的精细化运营，致力于帮助跨境电商卖家从业者建立起系统的知识框架，探索自己的运营模式，提升店铺的业绩，以更好地应对新时代跨境电商行业的各种风险与挑战。

本书分为两部分。第一部分对跨境电商的现状以及当下热门的亚马逊、eBay（易贝）、TikTok（抖音国际版）等跨境电商平台的运营方法、特点、交易规则等进行了讲解，还给出了具体的操作步骤和实用工具，让新手也能快速上手。

第二部分对跨境电商供应链的各环节进行了介绍，包括选品策略、库存管理、海外仓储、收付款方式、跨境物流、商品出境等。此外，本书还对很多跨境电商卖家在运营过程中遇到的实际性问题给予了详细的回答，例如，什么商品盈利高、如何合理安排仓库空间、选择什么收付款方式、如何让商品更快送达、入境商品如何清关、商品出境有何风险等。不管你是跨境电商新人，还是深耕多年的老手，都能从本书中获得启发，得到帮助。

同时，本书内容框架简单、逻辑分明、详略得当，穿插了许多经典的实战案例，具有很强的可操作性以及借鉴意义。为了让读者获得更好的阅读体验，本书语言通俗易懂，即使是"门外汉"也能轻松理解，适合跨境电商卖家、高校学生以及各类对跨境电商感兴趣的读者阅读。

笔者早年在海外留学时就开始从事跨境电商 1.0 阶段的销售工作，所以能够很好地从跨境电商新手的视角整理本书的内容，能够更好地帮助读者建立对于跨境电商的基础认知，希望想要从事此类工作的读者能够从这些基础知识中找到自己的发展方向。

鉴于笔者学识所限，书中难免有疏漏之处，恳请广大读者批评指正。

著 者

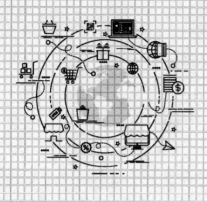

目录 CONTENTS

第1章　跨境电商：不可错过的转型契机 ················· 001

1.1　跨境电商是卖家"出海"的利器 ················· 002

　　1.1.1　数字经济时代，国际贸易格局变革 ················· 002

　　1.1.2　跨境电商与外贸有何区别 ················· 003

1.2　揭秘跨境电商的六大运营模式 ················· 005

　　1.2.1　海外购模式：掌握两种运营玩法 ················· 006

　　1.2.2　直发模式：实现买家需求的无缝对接 ················· 008

　　1.2.3　自营B2C模式：综合型＋垂直型 ················· 008

　　1.2.4　导购模式：跨境电商中的轻运营 ················· 010

　　1.2.5　闪购模式：限时特卖、定期推出商品 ················· 011

　　1.2.6　跨境O2O模式：线下与线上合作 ················· 012

1.3　跨境电商企业的长期商业逻辑 ················· 013

　　1.3.1　精细化运营：从跨境电商生意本身赚取利润 ················· 014

　　1.3.2　品牌价值：产品升级打造C端买家群 ················· 016

　　1.3.3　产品代运营服务：制定整体跨境电商运营解决

　　　　　方案 ················· 017

　　1.3.4　规模化战略：保证资本顺利退出 ················· 018

第2章 亚马逊: 新手卖家入门的第一选择 ···021

2.1 入驻亚马逊: 掌握两种注册方式 ···022

2.1.1 由一个站点向其他站点 "辐射" ···022

2.1.2 让第三方代理注册 ···027

2.2 关于亚马逊, 不可不知的5个问题 ···028

2.2.1 亚马逊有哪些站点 ···028

2.2.2 亚马逊如何为卖家安排搜索排名 ···030

2.2.3 在亚马逊开店, 有什么要求 ···032

2.2.4 亚马逊要收取哪些费用 ···033

2.2.5 亚马逊的退货流程是怎样的 ···034

2.3 想在亚马逊开店, 请做好准备 ···035

2.3.1 哪些商品要接受分类审核 ···036

2.3.2 了解与国际商标相关的知识 ···036

2.3.3 账号为什么会被封 ···038

2.3.4 掌握获取商品编码的方法 ···039

2.4 借助A-to-Z条款保护自身利益 ···041

2.4.1 哪些情况会触发A-to-Z条款 ···041

2.4.2 收到A-to-Z, 如何处理 ···042

第3章 eBay: 成熟的一站式跨境电商平台 ···045

3.1 了解在eBay开店的条件与流程 ···046

3.1.1 企业开店VS个人开店 ···046

3.1.2 开店流程: 按规矩办事不会错 ···048

3.2 入驻eBay的必备知识点 ···052

3.2.1 eBay是如何收费的 ···052

3.2.2 Cassini——eBay的内部搜索引擎 ·························053

3.2.3 卖家如何选择物流方案 ·····································055

3.2.4 掌握eBay的信用评价体系 ·······························056

3.2.5 在eBay获取流量的两种方式 ·····························057

3.2.6 出现账号关联问题，如何解决 ···························059

3.3 在eBay发布商品的5大步骤 ·································060

3.3.1 基于真实原则输入商品属性 ·····························060

3.3.2 填写商品信息：标题、描述、尺寸等 ···················061

3.3.3 根据自身需求设置商品发布方式 ·························063

3.3.4 梳理库存，明确可售商品数量 ···························064

3.3.5 考虑要不要使用第三方工具 ·····························065

第4章 TikTok：直播电商环境的新增发展趋势 ·················067

4.1 入驻TikTok，从开店规则开始 ·····························068

4.1.1 TikTok对卖家有何要求 ·································068

4.1.2 在TikTok开店需要哪些步骤 ·····························069

4.2 TikTok重点信息解析 ···071

4.2.1 对于卖家而言，TikTok有何优势 ·························071

4.2.2 TikTok的流量分发机制 ·································073

4.3 了解TikTok运营模式，避免风险 ···························074

4.3.1 TikTok如何向卖家收费 ·································074

4.3.2 TikTok Shop经营注意事项 ·······························075

4.3.3 出现什么情况会被TikTok封号 ·························076

4.3.4 TikTok的退货服务 ·······································078

4.3.5 美宝莲：直播带货焕发新生机 ···························079

第5章 速卖通："国际版淘宝"带你走向国际 ···············081

 5.1 如何成功地在速卖通开店 ···············082

  5.1.1 速卖通的两种销售计划 ···············082

  5.1.2 成为速卖通卖家的方法 ···············083

 5.2 速卖通基本情况概述 ···············085

  5.2.1 速卖通有哪些特点 ···············085

  5.2.2 速卖通如何收费 ···············086

 5.3 入驻速卖通，要遵守6大规则 ···············087

  5.3.1 搜索排名规则：关键词与商品相关性和商品质量 ······087

  5.3.2 知识产权规则：商标、著作权、专利等 ···············088

  5.3.3 交易规则：不要触碰法律红线 ···············089

  5.3.4 放款规则：时间＋方式＋常见问题 ···············090

  5.3.5 评价规则：信誉评价与卖家分项评价 ···············091

  5.3.6 促销规则：达到条件才能参加促销 ···············092

第6章 Shopify：致力于成就每一种跨境可能 ···············095

 6.1 Shopify关键信息分析 ···············096

  6.1.1 入驻Shopify的必备条件 ···············096

  6.1.2 如何在Shopify开店 ···············097

 6.2 解读Shopify的运营规则 ···············098

  6.2.1 商品详情规则：掌握注意事项 ···············099

  6.2.2 订单管理规则：服从管理 ···············099

  6.2.3 物流规则：运输流程不能出问题 ···············100

  6.2.4 收付款规则：保证交易安全 ···············101

  6.2.5 禁限售规则：选择好商品种类 ···············103

6.3　案例解析：在Shopify脱颖而出的卖家·····················104

  6.3.1　Gymshark如何变身月流水过千万美元的卖家·········104

  6.3.2　YesWelder用工业品吸引买家关注······················105

  6.3.3　凭借Shopify引爆西班牙市场的年轻人······················106

第7章　实用工具讲解：助力卖家顺利跨境·····················109

7.1　智能翻译：AI让异国沟通更顺畅·····················110

  7.1.1　智能翻译的3种基础·····················110

  7.1.2　常用智能翻译软件·····················111

  7.1.3　常用智能翻译设备·····················112

7.2　市场调研的实用工具讲解·····················113

  7.2.1　Google trends·····················113

  7.2.2　Similar Web·····················115

  7.2.3　reddit·····················115

  7.2.4　Google map·····················117

  7.2.5　海关数据查询网站·····················118

7.3　跨境金融融资工具及方式·····················119

  7.3.1　跨境金融解决方案，用海外资金解决供应链问题·····119

  7.3.2　跨境电商的资金合规及跨境财税·····················121

第8章　选品策略：如何找到好卖的商品·····················123

8.1　忽视选品就是在给自己留隐患·····················124

  8.1.1　优先考虑商品的市场有多大·····················124

  8.1.2　分析价格与成本之间的差额·····················125

  8.1.3　从5大维度衡量商品的资源优势·····················126

8.1.4　根据消费者的兴趣选品 ………………………………… 128

8.2　5种选品方法，总有一种适合你 ………………………………… 129

　　8.2.1　浏览销售平台，找到搜索热词 ………………………… 129

　　8.2.2　关注国内外消费者的消费态度 ………………………… 130

　　8.2.3　把握社交媒体的热点，提炼消费需求 ………………… 130

　　8.2.4　从热门商品/店铺那里汲取选品灵感 ………………… 131

　　8.2.5　根据目标市场建立产品线 ……………………………… 132

8.3　能力进阶：瞄准高盈利商品 ……………………………………… 133

　　8.3.1　商品与众不同，体现差异化 …………………………… 133

　　8.3.2　考虑商品的物流成本 …………………………………… 134

　　8.3.3　商品易操作，拒绝售后风险 …………………………… 135

　　8.3.4　避开版权陷阱，切勿盲目跟风 ………………………… 135

第9章　海外仓储：在海外设立物流节点 ……………………………… 137

9.1　为什么卖家愿意选择海外仓储 …………………………………… 138

　　9.1.1　退换货方便，保证物流时效性 ………………………… 138

　　9.1.2　节省跨境运输费用，避免浪费 ………………………… 139

9.2　实现海外仓储的3种方式 ………………………………………… 139

　　9.2.1　与第三方海外仓合作 …………………………………… 139

　　9.2.2　选择跨境平台代发货服务 ……………………………… 141

　　9.2.3　自己建立一个海外仓 …………………………………… 142

9.3　成本分析：海外仓储要花哪些钱 ………………………………… 143

　　9.3.1　将商品运输至海外仓目的国的费用 …………………… 143

　　9.3.2　商品通过当地海关的关税费用 ………………………… 143

9.3.3 商品的尾程派送费用 ··· 144

9.3.4 享受海外仓储服务的费用 ·· 144

9.4 选择海外仓储，必须了解相关规则 ································· 145

9.4.1 哪些商品适合使用海外仓 ·· 145

9.4.2 服务要与海外仓目的国的习惯相符 ··························· 146

9.4.3 海外仓储享受的政策扶持 ·· 147

9.4.4 关注海外仓储的税务问题 ·· 147

9.4.5 如何处理海外仓储的库存 ·· 148

9.5 库存管理：合理布局仓库与商品 ································· 149

9.5.1 如何合理地安排仓库空间 ·· 150

9.5.2 为商品编写相应的信息 ··· 151

9.5.3 做好库存管理的4个步骤 ··· 153

第10章 收付款方式：做安全、可靠的交易 ···················· 155

10.1 卖家可以选择哪些收付款方式 ··································· 156

10.1.1 经久不衰的传统电汇 ··· 156

10.1.2 操作简单的西联汇款 ··· 157

10.1.3 利于控制成本的速汇金 ·· 158

10.1.4 适合中小型卖家的PayPal ····································· 159

10.1.5 风险较低的国际版支付宝 ······································· 159

10.1.6 可以先用后还的信用卡 ·· 160

10.2 如何找到适合自己的收付款方式 ······························· 161

10.2.1 分析目标市场的支付情况 ·· 161

10.2.2 考虑不同收付款方式的风险 ····································· 162

第11章 跨境物流：打通"最后一公里"⋯⋯⋯⋯165

11.1 新手如何做好跨境物流⋯⋯⋯⋯⋯⋯166

11.1.1 了解跨境物流面临的挑战⋯⋯⋯⋯166

11.1.2 根据买家的需求选择物流公司⋯⋯169

11.1.3 商品不同，物流方式不同⋯⋯⋯⋯170

11.2 海外物流PK国内物流⋯⋯⋯⋯⋯⋯171

11.2.1 海外物流的发展情况⋯⋯⋯⋯⋯172

11.2.2 国内物流"出海"，跨境业务有进步⋯⋯173

11.2.3 各国卖家应该如何选择快递公司⋯⋯174

11.3 跨境物流的主力军——邮政⋯⋯⋯⋯176

11.3.1 邮政的3大优势⋯⋯⋯⋯⋯⋯⋯176

11.3.2 哪家邮政公司更靠谱⋯⋯⋯⋯⋯177

11.4 专线物流让商品更快送达⋯⋯⋯⋯⋯178

11.4.1 了解优劣势，考虑是否选择专线物流⋯⋯178

11.4.2 专线物流运作：接单、配送、签收⋯⋯179

第12章 商品入境：安全与合法是两大关键⋯⋯⋯181

12.1 是什么在推动商品入境⋯⋯⋯⋯⋯⋯182

12.1.1 消费升级，买家对进口商品有需求⋯⋯182

12.1.2 全球化浪潮促使政策向好⋯⋯⋯⋯183

12.2 入境商品如何清关⋯⋯⋯⋯⋯⋯⋯184

12.2.1 快递公司代收件人清关⋯⋯⋯⋯⋯185

12.2.2 将商品聚集，统一清关⋯⋯⋯⋯⋯185

12.2.3 提前备货，按照订单要求清关⋯⋯⋯186

12.3　如何让入境商品迅速通关·······························187

　　12.3.1　掌握海关查验的详细流程·······················187

　　12.3.2　配合检疫，学习清单管理规则··················188

　　12.3.3　了解行邮税的相关知识·······················189

　　12.3.4　关注进口税收政策··························190

第13章　商品出境：将商品顺利地送至海外·····················193

13.1　如何让商品安全出境·······························194

　　13.1.1　为商品做出境申报··························194

　　13.1.2　提前把商品出境所需资料准备好··············195

　　13.1.3　查验单证和货物··························196

　　13.1.4　按时、按量、合法纳税·····················197

　　13.1.5　做好结关工作，办理出境手续·················198

13.2　办理退税事宜，避免亏损··························200

　　13.2.1　可以享受退税政策的4类货物·················200

　　13.2.2　退税关键点：登记、准备材料、计算退税额·······202

　　13.2.3　如何选择以哪种形式退税·····················205

　　13.2.4　退税单证遗失的处理办法·····················205

13.3　谨慎应对商品出境的风险··························207

　　13.3.1　商品侵犯知识产权，怎么办··················207

　　13.3.2　不要试图逃脱关税与流转税··················208

　　13.3.3　商品被海关扣留的原因及应对方案··············211

　　13.3.4　提高警惕，小心跨境欺诈事件·················213

第 **1** 章

跨境电商：不可错过
的转型契机

随着互联网的快速发展、经济全球化的不断加快，全球范围内的贸易业态都发生了重大改变，跨境电商贸易在全球贸易总额中所占份额不断提高。在中国，跨境电商这一经济形态实现了由小到大的飞速发展。2021年，我国跨境电商市场规模突破14万亿元大关。而这份成就背后，不仅有大数据、云计算、5G等技术的大力支持，还有宽松的市场环境为跨境电商行业带来的广阔发展空间。跨境电商已经成为当下贸易企业不可错过的转型契机，贸易企业一定要牢牢把握行业的风口。

跨境电商是卖家"出海"的利器

2021年，中国跨境电商市场的进出口比例接近1：4，可见，出口电商仍然是跨境电商的主流业务形式。受全球经济发展环境的影响，海外线下贸易市场受到了不小的冲击，线上购物几乎成为全球普遍的消费形式。跨境电商成为卖家"出海"的利器。

1.1.1　数字经济时代，国际贸易格局变革

提起数字经济，很多人都不陌生。如今，以云计算、大数据、人工智能为代表的数字技术正在深刻变革国际贸易格局。面对这一趋势，跨境电商企业需要重点关注数字经济的深层次逻辑，在全球数字化浪潮中抓住机遇。

1.数字经济促进贸易主体多元化

数字经济的发展离不开数字技术，而数字技术显著降低了个人和企业进入国际贸易市场的门槛。数字技术不仅降低了贸易进出口的成本，还使海内外交易双方的交流变得更加顺畅，物流也更快速，个人和中小企业都能够负担得起跨境物流的费用。中小企业的参与也倒逼大型跨境电商企业转型，贸易主体更加多元化，国际贸易市场总体呈现普惠性特征。

2.数字经济推动贸易产品多样化

数字技术打通了信息共享渠道，也打破了贸易市场中时空的限制，使得跨境电商企业能够更加直观地获取消费者需求信息。同时，由于生产流程的智能化、模块化发展，跨境电商企业可以及时、有效地调整自己的生产计划，生产出更符合消费者需求的产品。

3.数字经济使得贸易生产组织结构智能化

传统的市场协调成本非常高，而数字经济的发展能够推动市场分工的细化，使得市场协调成本不断降低，在赋能市场生产组织结构的同时，还拓宽了信息渠道，使交易双方获得的信息是对称的。数据作为数字经济时代重要的生产要素，进一步推动了市场的智能化发展。

1.1.2　跨境电商与外贸有何区别

很多人将外贸与跨境电商混淆，虽然二者都是做进出口贸易的，但二者并不等同，跨境电商更像传统外贸与电商平台的结合体。跨境电商与外贸在以下几个方面存在区别。

1.业务主体方向

外贸的业务主体方向是维护买家关系。因为外贸需要稳定的客源支持，所以新老客户的开发与维护比较重要。

跨境电商的业务主体方向侧重于商品销售。虽然跨境电商企业中也会有售前客服和售后客服，日常也会发布一些营销广告，但业务主体方向依然是销售商品。

2.业务主体内容

外贸的业务主体内容规模较大，总利润较高，在买家收到货物之前，外贸企业并不关心运输流程以及港口等问题。他们更看重的是交货日期以及合同要求，因为只有交货成功，并做好售后工作，一单交易才算彻底结束。

跨境电商的业务主体内容规模远不及外贸，其总利润很大程度上取决于对成本的控制以及销量的提高，因此运输、仓储等环节都是必须重点考虑的，而交货日期以及合同要求不是那么重要。

3.交易方式

外贸的交易方式多为线下交易，侧重于和买家面对面接触和商谈。从合作开始到确定合同，重点环节几乎都是通过线下接触来确定的，只有一些临时问题会通过视频会议或邮件解决。

跨境电商的交易方式几乎都是线上交易，从买家对商品感兴趣、咨询，到下单、付款，整个流程都在线上进行，售后服务同样在线上完成。

4.税收政策

外贸订单的规模往往较大，在海关申报税款一定要严格遵循相关政策，一项应纳税种都不能落下。

跨境电商的本质是网络购物，税收上的操作比较简单，一般情况下，缴纳行邮税即可。一些卖家会将税费包含在商品价格中，一些卖家则要求买家另付关税。

5.商业模式

外贸的商业模式主要是企业端对企业端，即B2B（Business to Business，企业对企业）模式，需要企业内部多个组织的协调配合才能够推动订单的完成。

跨境电商的商业模式主要是企业端对个人端，即B2C（Business to Customer，企业对消费者个人）模式，虽然也有个人卖家，但更多的还是企业卖家。跨境电商更追求利润空间的提升。

揭秘跨境电商的六大运营模式

2012年，亚马逊的全球开店计划吸引了众多中国卖家入驻。至今，跨境电商在中国已有十多年的历史。在这十多年中，跨境电商逐渐从单一运营模式演变成能够满足买家各种需求的多元化模式。

1.2.1　海外购模式：掌握两种运营玩法

海外购模式实际上就是海外的卖家根据买家的需求，在海外购买买家指定的商品，然后通过跨境物流寄送给买家。根据业务形态的不同，海外购可以分为两种不同的运营模式，分别是海外代购平台和社交软件海外代购。

1. 海外代购平台

海外代购平台指的是擅长国际贸易或海外采购的卖家通过进驻第三方平台与买家产生连接。卖家可能是个人，也可能是企业或线下卖家。无论是哪种身份，他们都会按照买家的需求或根据商品的热度从海外市场采购商品，将商品发布到第三方平台，买家下单后，卖家将订单中的商品通过跨境物流寄给买家。

通过海外代购平台代购这一模式属于传统的跨境电商运营模式，也被称为C2C（Consumer to Consumer，消费者个人对消费者个人）模式。凡是进驻第三方平台的卖家，都需要向平台缴纳一定的费用，这些费用是平台的主要收入来源。

海外代购平台的优点在于，国内买家在购买海外商品时有更多选择，同样的商品可能在多家店铺中有销售，买家可以货比三家。而海外代购平台的缺点也很明显，一些进驻平台的卖家资质不够，交易过程中很容易出现意外，而平台也没有对跨境供应链进行深入的跟踪，这可能导致买家获得不愉快的交易体验。

例如，淘宝全球购、京东海外购等都是典型的海外代购平台，有着庞大的用户基础，但是在售后保障、交易信用等问题上没有建立起完善的解决机制。例如，买家发现收到的商品是假货，但店铺已经关闭，向平台投诉却索赔无门。这是平台没有建立完善的卖家进驻审核机制和赔付机制导致的。因此，平台要制定买卖双方沟通机制、相关审核机制和赔付机制，让买卖双方都对平台的服务满意。只有这样，平台才能够平稳发展。

2.社交软件海外代购

社交软件海外代购这一模式的风靡源于微信朋友圈的传播推广作用。相较需要缴纳一定费用的第三方平台，朋友圈内的个人代购完全不需要缴纳任何费用，只要在朋友圈中发布一些热度高的商品，就会有人主动询问。久而久之，这些代购便可以建立一个甚至多个社群，在社群内发布代购信息。

相较于第三方平台中的代购，朋友圈中的代购更能满足买家的个性化要求。例如，大部分买家都想购买某款口红，只有两三个买家想要购买某款粉底液，这两三个买家便可以直接私聊代购，谈好价格，让代购为其购买所需粉底液。

随着移动社交平台的普及，朋友圈中的代购越来越多。但是与最初不同的是，现在人们朋友圈中的代购有很大一部分并不是自己熟识的人，而双方的交易是个人对个人的模式，微信无权干涉。因此，朋友圈代购这一模式存在信用问题，朋友圈代购更像一个"三不管"的灰色区域，一旦交易发生问题，买家就会维权无门。

随着进出口门槛不断提高，监管力度进一步加大，朋友圈代购模式受到了一定限制。随着海外购模式的进一步规范化，这种模式的终点要么是完全退出市场，要么是经历多次大的变革，由平台介入进行规范监管，为买家提供更有保障的服务。

1.2.2　直发模式：实现买家需求的无缝对接

直发模式也被称为"Dropshipping模式"，源于供应链管理中的一种模式。具体流程是：平台将买家的需求信息传达给生产商或批发商，生产商或批发商将对应的商品通过跨境物流运送至买家手中。直发模式实际上是一种B2C模式，商品售价高出批发价格的部分是平台的利益。

直发模式的优势在于，具有广阔的发展空间，平台与海外供应商的合作关系建立在签署相关协议以及政策支持的基础上。除此之外，平台还会建立并运营独立的跨境物流系统，或与海外的第三方跨境物流企业展开合作，保证商品的物流运输效率。

它的缺点也比较明显。早期入驻平台的供应商不多，平台没有足够的用户基础。而且平台发展早期入驻机制不完善，一些不良企业用中文名称冒充海外品牌进驻，导致后期海外品牌进驻平台时发现商标、名称被抢先注册，进驻的难度上升。但随着相关政策的不断完善，这种现象正在逐渐减少。

以洋码头为例，洋码头成立于2009年，是典型的直发模式平台。为了保证商品的运输效率，洋码头在海外众多地区都建立了国际物流中转站，与国际航空公司展开合作，实现跨境空运。洋码头在2014年取消了入驻费用，为买家提供海外直邮的低价团购商品。这些都使得洋码头吸引了大量卖家入驻，同时也打下了坚实的用户基础。

1.2.3　自营B2C模式：综合型＋垂直型

自营B2C模式下的平台压力较大，大部分商品都需要平台自己准备。自营B2C模式又分为综合型自营和垂直型自营两种。

1.综合型自营B2C模式

综合型自营B2C模式的优势在于，拥有强大的供应链管理能力，能够及时跟踪商品的跨境物流运输流程；能够从源头保障商品质量；具有雄厚的资金基础。而它的不足之处在于，企业或平台的发展受政策变化的影响很大，政策有利时会发展得十分迅速，而一旦"风向"有变，发展就会受阻。

2.垂直型自营B2C模式

垂直型自营B2C模式指的是平台销售的商品集中于几个特定品类，如食品、化妆品、服装等。其优势与综合型自营B2C模式相同，缺点是在平台发展早期需要大量资金支持，盈利状况不稳定。

很多人会将自营B2C模式与平台B2C模式混淆，实际上二者并不相同。平台B2C模式的本质还是依靠第三方B2C平台，而自营B2C的本质是在线上搭建一个大型商场，自负盈亏。二者的目标用户虽然都是个人，但销售渠道不同。典型的自营B2C平台有京东自营店铺、苏宁自营店铺等。因为自营B2C选择的是商品，看重商品质量，平台B2C选择的是商家，看重商家资质，所以买家在自营B2C平台上购买商品会更有保障。

自营B2C平台的产品管理环节占整个销售流程的比重较大，而且自营B2C平台一般都有自己的ERP（Enterprise Resource Planning，企业资源计划）系统，从商品采购到仓储管理，再到出库、物流运输，能够实现全流程管理。

平台B2C模式的侧重点一般在平台的运营以及买卖双方交易关系的维护上，很少侧重商品管理，也不会自己研发ERP系统。

1.2.4 导购模式：跨境电商中的轻运营

导购模式是跨境电商中的轻运营模式，也是一种新型的跨境电商运营模式。为了便于理解，我们可以将导购模式分为两部分：第一部分是引流环节，第二部分是商品交易环节。

引流环节指的是卖家通过在各种海淘社区论坛、导购资讯等平台发布折扣、降价等优惠信息吸引用户。买家看到这些信息后，会点击站内链接向海外B2C电商或者海外个人代购提交订单，实现跨境购物。因此，从交易关系上来看，导购模式也可以理解为海外购B2C模式和代购C2C模式的结合体。

一般情况下，导购模式下的平台会将自己的页面与海外B2C卖家的商品销售页面进行关联，一旦平台用户点击链接并购买，平台就能获得一定比例的返点。而平台为了进一步刺激消费，会将返点中的一部分回馈给用户。这种整合信息流的轻运营模式能够及时追踪用户的前端需求，但是，从长期来看，轻运营模式显然不适合做大做强。一方面，它没有把控跨境供应链的能力；另一方面，它的门槛较低，没有核心竞争力，不会获得资本市场的青睐，后续发展十分吃力。

例如，小红书就是典型的导购模式平台。小红书最初是一个面向海外留学生的社区交流平台，有着深厚的海外用户基础。随着国内用户的增多，海内外用户的不断融合催生了导购模式。它的优势在于：用户基础良好，具有一定的粉丝效应，用户忠诚度高；通过不断强化品牌效应和口碑效应，能够推出爆款商品。在小红书开店所需资金较少，适合有开网店想法但资金不太充足的年轻人。

小红书的缺点也很明显。首先，由于是从社区论坛起步，它没有全套的跨境供应链追踪机制，高度依赖外部供应商，整条供应链都需要外包，例如，要与菜鸟裹裹建立合作关系。其次，它的进入门槛低，不易形成壁垒，没有自己的竞争优势，难以获得投资。如果小红书不加快向规范化C2C模式转型，就很容易在激烈的市场竞争中被淘汰。

1.2.5　闪购模式：限时特卖、定期推出商品

海外闪购模式是一种比较独特的第三方B2C跨境电商运营模式。闪购即限时限量抢购，如京东闪购、聚美优品曾推出的"聚美海外购"、唯品会推出的"全球特卖"等。闪购是卖家打折清仓的好时机，超低价格能够打响品牌知名度，使品牌获得更多消费者的支持。此外，一些卖家会在新品上市之前，通过低价、限时闪购来测试渠道和消费者的态度和反应，以此来判断新品的销售趋势。

跨境闪购的具体流程与京东闪购的流程类似，但是它所面临的销售环境更加复杂，因而跨境闪购这一模式依然处于小规模发展阶段。

跨境闪购的优势很明显，那就是一旦确定了平台的行业地位，就会形成流量、货源、用户三方面集中的优势。相对地，跨境闪购模式要求平台对货源、物流的把控能力较强，否则任何一个环节稍有差错都会给平台带来很大的损失。

以亚马逊闪购为例，亚马逊闪购的商品从保税区或自贸区直接发货，平均3天商品就可以送达买家手中，买家享受到的物流配送服务与在本地网上购物无太大差别。国内买家不用出国就能够买到具有绝对正品保障的海外爆款商品，享受极速物流。

1.2.6 跨境O2O模式：线下与线上合作

跨境电商O2O模式指的是一种将跨境进口贸易与本地化线下实体贸易相结合，通过构建线上智能营销体系，整合各渠道资源，打造线上商城，以线上贸易带动本地线下贸易的全渠道跨境电商运营模式。

与传统的跨境电商运营模式不同，跨境电商O2O模式有着独特的优势，例如，不易积压库存，投入成本低；传统实体店与线上电商相结合，实现线上线下同步销售；售后服务有保障，解决买家的后顾之忧等。目前中国的跨境电商O2O模式主要有以下3大类型。

1. 机场免税店自提

机场免税店是很多人登机之前会去的地方。天猫国际与新罗集团、王权集团等免税店企业达成战略合作，在中国率先启动环球免税店项目。无论在哪个国家，买家登机之前都可以通过天猫国际提前购买海外机场免税店里的商品，回国后，卖家可以前往机场免税店自提。这种"线上下单+线下自提"的方式不仅可以减轻买家的旅途负担，还省去了线下挑选商品的烦琐流程。

2. 保税区开店

保税区开店的运营思维与仓储式超市的运营思维类似，都具备以下3种功能：存货、直接售卖一般商品、展示特殊跨境商品。买家可以在店内下单，店铺通过海外直邮或保税仓发货的方式将商品运送至下单地址。

3. 与线下实体店合作

很多卖家都会采取线上线下相结合的运营模式，例如，蜜芽曾与一个教育机构联手在全国300多个城市开辟了千余条线下销售渠道。蜜芽的各种早教课程可以在教育机构的线下实体店中展示，感兴趣的买家可以直接用手机扫码下单，在蜜芽的网站中购买早教服务。

想要打造跨境O2O模式，跨境电商企业可以遵循以下3个步骤。

（1）通过ERP系统与多渠道平台对接，实现从仓储到海关进出口，再到物流派送等多个环节的打通，方便买卖双方对同一笔订单进行追踪，有效提高供应链的管理效率。最常采用的对接方式有直邮、保税仓发货。

（2）大力发展线下产品体验店、加盟店、连锁店，推动线上商城与线下实体店的结合，打造满足各类买家购物需求的多元化购物场景，有效提升买家购物体验和满意度，成功实施跨境电商O2O模式。

（3）依托各类线上App打造全渠道通信系统，利用通信系统收集买家前端需求信息、物流服务信息、促销折扣信息等，并对信息进行分类整理，打造自己的数据库。将买家数据、销售数据、商品数据等多方资源进行整合，做到精准营销，提升服务质量，顺应时代发展，及时调整产业布局。

跨境电商企业的长期商业逻辑

如果跨境电商企业想将自己的生意做大做强，就要建立有关跨境电商业务的长期商业逻辑，从精细化运营、品牌价值、产品代运营服务和规模化战略4个方面挖掘跨境电商运营模式中的利润空间。

1.3.1　精细化运营：从跨境电商生意本身赚取利润

经过多年的发展，跨境电商如今已迈入标准化时代。各个跨境电商平台的规模、流量都已较为稳定，管理机制已较为完善，越来越多的人加入这一领域。成熟且简单的销售模式加剧了跨境电商市场的竞争，成本的增加、利润空间的缩小，都是众多跨境电商企业亟待解决的问题。而想要应对新的市场环境，跨境电商企业必须将精细化运营提上日程。

众所周知，企业利润可以简单看作企业收入减去企业投入成本，而跨境电商企业的收入一般来源于商品的销售额，销售额=流量×转化率×客单价。由此可见，精细化运营的首要目标就是提高销售额，降低成本。

1. 提高销售额

如果想要提高销售额，跨境电商企业就要注重提高流量、转化率和客单价，做到精细化运营。

（1）流量。跨境电商的本质还是电商，引流是跨境电商运营的永恒话题。在转化率和客单价稳定的基础上，流量越大，交易量越大，销售额就越高。跨境电商企业可以寻求第三方引流平台的帮助，采取一些有效的引流措施，吸引大量流量，促进销售额提升。

在店铺流量增加、转化率稳步提升时，跨境电商卖家就要保持店铺评分稳定，不断优化排名；相反，在店铺流量减少、转化率下降时，跨境电商卖家就要调整营销推广策略，避免低质量流量冲击转化率。

（2）转化率。当流量进入店铺时，转化率越高，订单成交越多。一般情况下，平台会将转化率高的商品排在搜索页面前列。除了与流量相关外，转化率与产品受众、使用场景也息息相关。所以，卖家一定要做好相关产品展示，清楚地告知买家产品是什么、有哪些功能、在哪些场景下使用等事项，并采取相应的推广措施，如新品折扣、新人优惠券等。

除此之外，卖家及时回复买家消息，优化售后服务，优化买家消费体验，也是提升店铺转化率的关键。

（3）客单价。客单价往往是经过严谨的前期调查确定的，卖家必须随时关注市场上同类商品的价格变化。客单价还会受到成本、物流等因素的影响，卖家必须及时做出调整，保持自己在市场中的竞争优势。

2.降低成本

降低成本是每一个卖家的愿望。特别是一些本小利微的小商品，即使只降低很少的一部分成本，也能在销售价格上占据很大的优势。因此，成本精细化管理是跨境电商企业精细化运营的重点，但是由于各类商品的成本构成较为复杂，分摊比重各不相同，各个平台的政策也不一样，导致卖家的财务成本计算周期长，失误率较高，往往上一期制定出的成本优化策略在下一期就失效了，导致决策滞后。

在跨境电商交易中，物流成本在总成本中占比相对较大，一般会占到总成本的1/3。而在物流成本中，有相当一部分可以转化为利润空间，例如，每个订单都可以选择不同的发货仓库和运输服务商。曾有年销售额为1000万元的卖家，通过对物流成本进行管理优化，一年节省了50余万元，这就相当于创造了50余万元的利润。

1.3.2　品牌价值：产品升级打造C端买家群

跨境电商盈利的另一个商业逻辑是通过产品升级打造C端买家群，使传统工厂企业能够转型为新时代的互联网B2C企业。

中国的跨境电商卖家多为传统工厂，虽然拥有较强的生产能力，但是在产品价值开发层面有很大的成长空间。一方面，部分企业以流量为导向，轻资产运营模式使其没有足够的能力打造自己的供应链；另一方面，一些传统工厂跟不上海外买家的需求变化，无法精准抓住买家痛点，也就没有办法生产具有针对性的产品。

海外买家大多看重品牌所带来的精神价值，而中国跨境电商卖家的品牌建设很难满足海外买家的需求。例如，2022年火爆欧洲的中国制造电热毯，由于物美价廉，很快成为抢手货。而为了满足欧洲买家的需求，中国卖家将传统的电热毯进行了各种改良，从形状到厚度，再到耗电量，都做出了优化。但这些改变始终围绕着产品本身进行，依然没有塑造出品牌的价值观，没有讲好能够引起买家共鸣的品牌故事。如果没能趁此机会与欧洲买家建立情感连接，那么火爆一时的电热毯最终会被更加物美价廉的取暖产品所取代。

那么中国跨境电商卖家究竟该如何讲好品牌故事，实现产品升级，打造自己的品牌价值呢？

首先，注册国际商标。既然跨境电商卖家想要通过产品升级打造品牌价值，那么就要有自己的品牌。而跨境电商贸易面对的局面要比境内贸易复杂得多，注册国际商标能从根源上保障跨境电商卖家的权益。当自己的产品或品牌被别人模仿时，跨境电商卖家可以根据相关法律维护自己的合法权益。

常用的国际商标注册途径有马德里商标国际注册法和逐一国家注册法。

其次，促进产品的品牌化。只在生产线上升级产品无法使产品具备品牌价值，而投放关键词、实现流量转化也不代表产品具有品牌价值。品牌价值塑造最主要的是提升买家对产品的感知度。跨境电商卖家可以运用数字化技术获知用户的深度需求，并将其应用于指导产品升级。

同时，跨境电商卖家还可以全面建立用户画像和全动态路径指标体系，追踪市场中的产品需求变化，有效驱动产品研发和升级，提升买家的体验和复购率。除此之外，跨境电商卖家还可以在全渠道推广品牌故事，在各大网站进行广告投放，并结合线下互动，提升买家对产品的感知度。

1.3.3　产品代运营服务：制定整体跨境电商运营解决方案

跨境电商代运营公司的服务集中于产品、头程物流、仓储和营销等有关店铺运营的环节上。随着跨境电商的不断发展，很多传统工厂开始涉足跨境电商领域，但它们在店铺运营上缺乏相关经验，亟须第三方帮助自己优化产品海外信息流，制定整体的跨境电商运营方案。

传统工厂在经营跨境电商店铺的过程中，通常会在以下3个方面遇到问题。

1.产品力

传统工厂的产品往往同质化严重，即使性价比高，也很难跟上市场需求的迭代速度。并且由于缺乏相应的数字化技术，传统工厂难以通过对市场数据进行分析找到目标市场，更无法精准定位自身的竞争优势。

2.营销团队

传统工厂的营销团队拥有丰富的线下营销经验，缺乏线上营销经验。而在跨境电商领域，不同国家和地区的文化差异造就了买家不同的需求表达方式，如果没有足够的数据和经验，那么传统工厂的营销团队很难做到精准营销，产品再好也无法触达目标买家。

3.预算

跨境电商是一门生意，如果想从中获取长期价值，店铺就要有现金流回流，能够日复一日地经营下去。这就要求传统工厂必须有持续研发产品的能力，有足够的资金投入研发。除此之外，品牌的营销、店铺的流量等都需要大量的现金流支持，而充足的现金流是传统工厂所欠缺的。

1.3.4 规模化战略：保证资本顺利退出

中小型跨境电商企业要想扩大经营规模，首先，要稳住现有的客流，用持续的资金流创造平稳的发展环境；其次，企业可以从B2B独立站入手，选择自己熟悉的、供应链稳定的产品；最后，通过营销活动和付费广告对产品进行精准投放，精准触达目标买家，逐渐渗入B端市场。

跨境电商企业的规模化战略是保证资本顺利退出的前提。那么企业究竟该怎样扩大自己的规模，资本又能够为企业扩大规模提供哪些帮助呢？答案如下图所示。

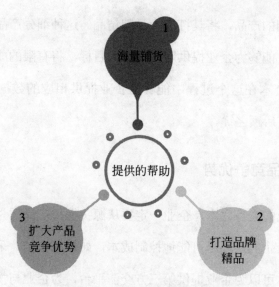

资本为企业扩大规模提供的帮助

1.海量铺货

海量铺货是一种相对简单的铺货模式，在平台流量红利期能够快速提升店铺的流量与销量。而对于业务模式还不太成熟的企业来说，资本可以为其提供专业的营销团队，结合平台给予的流量红利，能够将海量铺货模式的优势发挥到最大。但一旦过了流量红利期，海量铺货模式就会使库存猛增，成本也随之增加，此时跨境电商企业就要进行转型。

例如，丰泊国际能够为企业提供精准、高效的营销团队，帮助企业在经营店铺过程中逐渐培养自己的运营团队。

2.打造品牌精品

在海量铺货模式下，跨境电商企业通过对销售数据进行分析，能够明确某一个系列或某几个系列的产品受市场欢迎。在后续的经营中，企业就可以主推这几个系列的产品，将其打造为品牌精品。这种细分产品赛道、打造品牌精品的方式，能够为企业提供明确的经营目标，将有限的成本有针对性地投入生产中。资本在这个过程中能够为企业提供相应的数据支持和资金支持，使企业没有后顾之忧。

3.扩大产品竞争优势

产品是企业的立身之本，企业一定要从源头把控产品质量。在把控产品质量的前提下，企业还要尽可能地控制成本，如精减包装、采取多种物流运输方式等。资本可以为企业提供第三方交流平台，为企业与物流公司等组织建立一个对话平台，帮助企业控制成本。

例如，2021年12月，丰泊国际分别与香港橙联股份有限公司（中信产业基金和eBay合资的物流服务商）、北京京邦达贸易有限公司（京东物流）签订了战略合作备忘录，希望能够帮助跨境电商企业实现产品的顺利运转，解决物流周边服务问题。

企业成功实施规模化战略、扩大经营规模后，往往会选择上市。随着企业市值的提升，企业有可能被其他上市公司收购。此时资本就可以选择走商业化退出之路，带着自己的投资所得全身而退，继续寻找下一家需要帮助的跨境电商企业。

第2章

亚马逊：新手卖家入门的第一选择

亚马逊是电子商务的开创先锋，是最早经营电子商务的跨境电商企业之一。1994年，亚马逊正式成立。经过了20余年的发展，如今，亚马逊开拓了从电子图书到网络服务，再到家政服务、无人机快递等多个领域的业务，成为一家综合性电子商务企业。

入驻亚马逊：掌握两种注册方式

新手卖家想要入驻亚马逊，主要有两种注册方式，分别是由一个站点向其他站点"辐射"和通过第三方代理注册。

2.1.1　由一个站点向其他站点"辐射"

在亚马逊全球开店政策支持下，卖家只要注册其中一个站点，其他站点就会自动开通，无须多次开通。以中国企业注册北美站点为例。

首先，在注册账号前，企业需要准备在有效期内的营业执照（距离过期日期应超过45天）、有效法人身份证彩色扫描件、可进行国际付款的信用卡、可用于收款的银行账户。一般情况下，银行账户可以选择国内银行账户、北美银行账户或第三方存款账户。

其次，企业还需要准备两个以上的手机用来接收亚马逊发来的验证码，因为有的手机有短信拦截功能，将验证码拦截，因此企业需要做好两手准备。此外，企业还需要准备支持双币服务的信用卡。

最后，在准备好材料之后，企业就可以通过亚马逊官方网站进入亚马逊店铺注册流程。注册流程如下。

（1）填写姓名、邮箱地址、密码，通过邮箱验证，创建新账户，如下图所示。

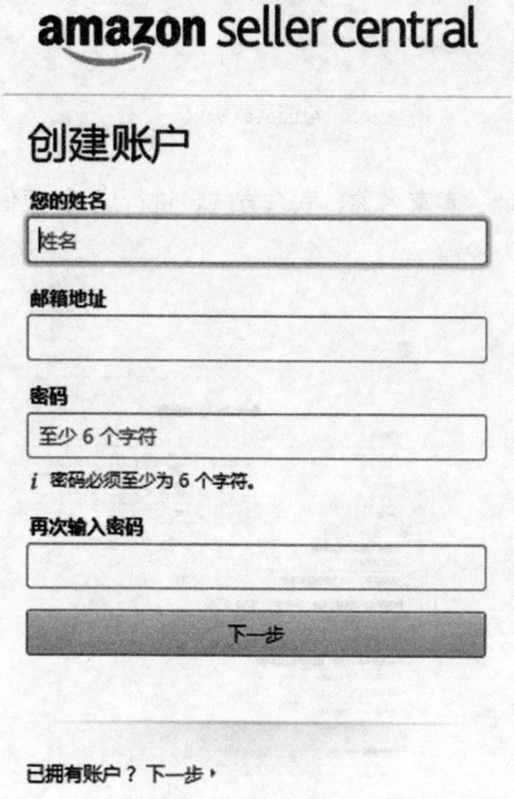

amazon seller central

创建账户

您的姓名

姓名

邮箱地址

密码

至少 6 个字符

i 密码必须至少为 6 个字符。

再次输入密码

下一步

已拥有账户？下一步►

创建账户

（2）填写法定名称，勾选卖家协议，如有问题请点击左下方"获取支持"，如下图所示。

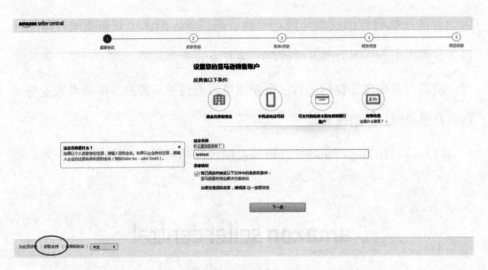

勾选卖家协议

（3）填写地址、卖家名称、联系方式，进行电话/短信验证码认证，如下图所示。

填写信息

（4）填写信用卡卡号、有效期、持卡人姓名、账单地址，设置收款方式，如下图所示。

设置您的收款方式

您的出售计划:
专业销售计划　　　　　　　　　　　　　　　　　　　　查看计划详情

月服务费：$39.99美元＋其他销售费用。完成对您账户的设置后，您才需要支付费用。

☑ **亚马逊物流**
获得访问亚马逊一流配送资源和专业知识，倍受赞誉的客户服务以及Prime和免费配送选项的权限。
按使用付费

您的信用卡信息
创建账户时，将向您收取第一笔月度订阅费($39.99)。我们执行付款验证（通常需要1小时，最多需要24小时）后，您才能够上架商品。

卡号　　　　　　　　　　　　　　　　　　**有效期限**
[　　　　　　　　　　　　　　]　　　[1　　⬦] / [2019　　⬦]

持卡人姓名
[　　　　　　　　　　　　　　　　　　　　　]

◉ No 1181,yan an xi road, Shanghai, Shanghai, 20000, CN
　查看保存的所有地址
○ 添加不同的账单地址

设置收款方式

（5）设置存款方式，共有3种方式完成北美商城存款方式的设置，如下图所示。

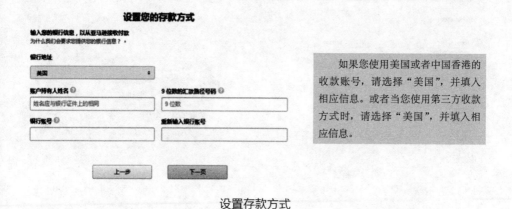

设置您的存款方式

输入您的银行信息，以从亚马逊接收付款
为什么我们会要求您提供您的银行信息？▸

银行地址
[美国　　　　　　　　　　⬦]

账户持有人姓名 ❓　　　　　　　　**9位数的汇款路径号码** ❓
[姓名应与银行证件上的相同]　　　[9位数]

银行账号 ❓　　　　　　　　　　　**重新输入银行账号**
[　　　　　　　　　　　　]　　　[　　　　　　　　　　　　]

[上一步]　[下一页]

> 如果您使用美国或者中国香港的收款账号，请选择"美国"，并填入相应信息。或者当您使用第三方收款方式时，请选择"美国"，并填入相应信息。

设置存款方式

（6）纳税审核，如下图所示。

纳税审核

（7）确认公司或个人非美国身份，如下图所示。

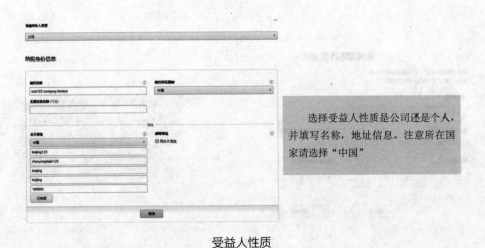

确定身份

（8）选择受益人性质（公司或个人），如下图所示。

受益人性质

（9）签名完成注册流程。

2.1.2 让第三方代理注册

第三方代理注册适用于亚马逊新手卖家。下面以中国卖家让欧盟代理人代理注册为例，明晰欧盟代理人的申请流程及选择欧盟代理人的标准。

1. 欧盟代理人的申请流程

（1）卖家需要提交第三方代理申请表；

（2）卖家与第三方代理签订合同；

（3）第三方代理与欧盟授权代表签订代理协议，卖家与欧盟授权代表互通信息；

（4）后续服务确认，如提供DOC文件等。

欧盟法律规定，亚马逊的商品在欧盟销售必须有欧盟代理人的参与，用来追溯商品信息。需要注意的是，根据欧盟授权代表指南文件要求，一家企业可以有多个授权代表，但同一类商品有且只能有一个欧盟授权代表。

2. 选择欧盟代理人的标准

（1）选择有资质、有能力的第三方欧盟授权代表公司，例如，在欧盟内合法注册的企业或技术人员、代理商等，拥有正规的注册证书。

（2）欧盟授权代表的名称和地址等信息必须与贴有CE（Conformite Europeenne，欧洲共同体）安全认证标志的商品包装上的信息一致。

有些卖家为了节省成本，会找在欧盟国家留学的亲友充当欧盟授权代表，或者随意找一家经销商作为欧盟授权代表。这些都是不被允许的，一旦被相关部门发现，卖家就要面临巨额罚款和严重处罚。因此，在寻找第三方代理时，卖家一定要选择有资质、正规的，不要贪小便宜。

关于亚马逊，不可不知的5个问题

很多新手卖家对于亚马逊的认知还停留在亚马逊是一家电子商务公司的层面，要想在亚马逊开店，新手卖家要了解更多关于亚马逊的信息，如亚马逊有哪些站点、平台会收取哪些费用、退货流程是什么等。只有充分了解在亚马逊上开店的相关问题，经营店铺时才能更加得心应手。

2.2.1　亚马逊有哪些站点

目前，亚马逊一共有14个站点。北美站、欧洲站、日本站和澳洲站是较为主流的站点。

1.北美站

卖家在北美站点完成注册即可同时开通美国、加拿大、墨西哥站点，卖家的商品每月可触达超9500万北美买家。

亚马逊在美国平均每月流量约17.8亿，Prime会员数量上亿，占北美站用户50%以上，且Prime会员买家的平均消费额是非会员买家的2倍，蕴含巨大购买潜力。"Prime Day会员日""黑色星期五""网络星期一"等促销活动，可帮助卖家快速打造爆款，提升销量。

2.欧洲站

欧洲站的国家总人口数量众多，拥有超过3亿的网上购物用户。但相比北美，欧洲依然是蓝海市场，发展空间大。亚马逊在欧洲拥有高知名度、高访问量和海量用户群，这些都将帮助卖家在欧洲地区开疆拓土，为商品带来更高的曝光度和更高的销量。

亚马逊为欧洲地区提供了欧洲联合账户系统，只需要一个销售账户，卖家即可在英国、法国、德国、意大利和西班牙等国家创建并管理多个商品目录。

同时，亚马逊欧洲站还搭载了"建立国际商品信息"工具，可以帮助卖家创建并同步欧洲多个地区的商品目录，一键设置定价规则。利用"建立国际商品信息"工具，卖家可同步管理多国业务。亚马逊在欧洲多国都拥有自己的运营中心，可将商品配送到欧洲各地，推动业务增长。

除此之外，欧洲站拥有更加多样化的物流服务方案，能够将库存货物分配到离顾客最近的运营中心，成本低，配送快。同时，亚马逊物流还能以当地语言提供顾客服务及商品退换货服务。

3.日本站

日本总人口超过1亿，互联网覆盖率超过90%，其中超过70%的用户在线购物。2021年，日本亚马逊的月访问量为5.56亿，PC端的浏览量在电商网站中排名第一。

亚马逊日本站市场机会众多，52%的消费来自中高层收入人群，他们的年收入在500万日元以上，其中10%的人群年收入在1000万日元以上，蕴含巨大消费潜力。

中国商品在日本广受欢迎，进口总额连续多年位于第一。在地理位置上，日本靠近中国，因此物流费用较低，拥有相较欧美站点更低的物流费用及退货率。

4.澳洲站

澳洲站主要包括澳大利亚、新西兰和法属新喀里多尼亚等国家和地区。其中，澳大利亚人口约2569万，网民人数占比90%以上，智能手机覆盖率居世界前列，超过80%的消费者在跨境电商网站上购物。随着电商业务持续增长，澳大利亚电子商务持续保持两位数的增长态势，未来仍有很大的增长空间。

2021年1—5月，澳大利亚自中国进口279.0973亿美元，增长33.19%，占澳大利亚进口总额的27.14%。截至2021年5月，中国仍为澳大利亚最大贸易伙伴，同时继续保持澳大利亚第一大出口市场和第一大进口来源地的地位。

2.2.2　亚马逊如何为卖家安排搜索排名

亚马逊会为卖家在网站内安排搜索排名，如相关排名、降价排名、上架时间排名等。因为大部分买家不会选择看搜索页面的第二页，所以能否排在搜索页面的第一页，提高自己的曝光度，对于亚马逊卖家来说至关重要。

一般来说，搜索排名靠前的是亚马逊自营或者选择FBA（Fulfillment by Amazon，亚马逊物流）物流配送的卖家，亚马逊会优先展示支持亚马逊物流的商品。卖家在亚马逊的排名还受销量、好评率和绩效指标3个因素的影响，如果卖家在这3个方面表现出色，那么排名会比较靠前。

那么亚马逊究竟是依据哪些标准为卖家安排搜索排名的呢？

1.问答区活跃度

在亚马逊平台上，每一款商品都有一个问答区。对商品感兴趣的买家在该区域对商品的相关情况进行提问，而其他购买过商品的买家会收到邀请，从而作答。问答区可以帮助潜在买家更加全面地了解商品，对商品有更加深刻的认识。

亚马逊官方从来没有公开表示问答区对于搜索排名有重要的影响，但事实上，问答区答案的丰富性能为买家提供相应的购买"情报"。因此如果卖家重视问答区，将会进一步促使买家产生消费行为，问答区越活跃，越有利于提升卖家的排名。

2.价格因素

价格在很大程度上会影响买家的点击率，而点击率越高，卖家的商品在同类商品中的排名就越靠前。因此，卖家一定要确保自己的商品在价格上有足够的吸引力，卖家可以使用自动定价工具来调整商品价格。

3.商品信息完善度

买家作为处于信息盲区的一方，只能通过商品的名称、描述、图片介绍等方面了解商品是否符合自己的预期。如果买家看到的商品信息不完整且不具备吸引力，就不会产生进一步的购买行为。需要注意的是，卖家需要实事求是地展示商品的参数，以防买家收到商品后发现与参数有较大差距而给予差评。除了描述外，卖家还需要精心设计商品的关键词，做好搜索优化。

完善的商品信息有助于亚马逊平台通过自有算法识别出商品属于什么种类，以进一步分类，方便买家购买。

2.2.3　在亚马逊开店，有什么要求

为了确保商品质量，亚马逊对入驻卖家的资格审核十分严格。一般情况下，亚马逊会对入驻申请流程以3～6个月为周期进行修改，以适应当时的环境和政策。

电商卖家除了销售商品外，还要能够为消费者提供发票以及物流配送服务，亚马逊对于入驻卖家的要求也是如此。

除此之外，亚马逊还规定了卖家注册时需要提供的证件。无论卖家销售的商品是什么，想要注册成功，卖家需要提供企业营业执照副本、国税税务登记证以及商品品牌资质3个证件。根据销售的商品的具体分类，卖家还需要提供相应的商品证明。

亚马逊坚决打击多账号关联的现象。为了营造出"重商品，轻店铺"的氛围，亚马逊对同企业、同类型商品开设多个店铺的做法持有零容忍的态度。亚马逊会运用相关技术手段，分析卖家的注册信息、商品信息、账号密码等，对卖家进行综合性判断。一旦发现卖家恶意注册多个账号销售同款商品，就会对其予以处罚，情节严重者甚至会被封号或强制关店。

2.2.4　亚马逊要收取哪些费用

卖家在亚马逊上注册账号不需要支付任何费用，但想要在店铺中售卖商品，卖家就需要支付相关费用。下面以亚马逊北美站为例进行介绍。

首先，卖家在北美站注册企业店铺需要缴纳39.99美元的月租。很多卖家在注册店铺之后不会立刻上架商品，此时就可以把店铺改为个人模式，个人模式是不用缴纳月租的。等到上架商品时，再将店铺改为专业模式，按月缴纳租金即可。

其次，卖家要注意商品佣金的比例。商品佣金指的是卖家卖出一件商品后，亚马逊平台收取的商品收入分成。目前，美国站大部分商品类目的佣金是商品售价的15%。

假设某个订单为100美元，卖家后台只会到账85美元，因为亚马逊平台会优先扣除属于平台的费用。

自2018年2月1日起，亚马逊依品类增设了最低销售佣金。亚马逊对订单中每件商品单独计算佣金，当商品按照所销售品类佣金比例收取的佣金小于最低销售佣金时，亚马逊将按照最低销售佣金进行收取。

再次，广告费用也是一笔很大的支出。总广告费=CPC（Cost Per Click，单次点击费用）×点击次数。卖家要想获得更多订单，就需要获得更多点击次数，这样总广告费就会增加。如果不想增加广告费，卖家就需要控制CPC，一般CPC的价格在0.02 ~ 0.3美元。

最后，卖家还必须考虑仓储物流费。如果选择FBA，即亚马逊物流配送，那么卖家的仓储物流费支出=头程费用+FBA物流配送费用+月仓储费用+库存配置服务费。

亚马逊物流配送费一般按件收取，价格按货物的尺寸与重量进行计算。

亚马逊月仓储费用根据商品尺寸划分为标准尺寸和超标准。而使用FBA仓储服务，需要按每月、每立方英尺、按比例缴纳FBA仓租费用。

除了每月的仓储费用外，亚马逊还会向在亚马逊仓库里至少储存了6个月的商品每年收取两次长期仓储费。

库存配置服务费，即合仓费用。亚马逊会将订单商品随机分配到多个仓库。亚马逊默认是分仓的，如果设置了合仓，亚马逊将按件收费，具体费用取决于选择的目的地的数量。

2.2.5　亚马逊的退货流程是怎样的

由于亚马逊站点众多，每个国家和地区都有各自的政策，所以退货流程没有统一的规定。下面以中国买家的退货流程为例进行介绍。

（1）买家在订单中选择需要退货的商品，并点击退换货按钮（海外购商品暂时只支持退货，不支持换货）。

（2）买家进入退货界面后需要选择退货数量，以明确是全部退货还是部分退货，并如实填写退货原因，如与商品描述不符、商品有损坏等。

（3）亚马逊平台会根据买家填写的内容估算买家需要支付的运费，并预估出买家会获得的退款金额。买家在核对上门取货地址无误后提交退货申请，进入退货流程。

（4）所有海外购退货商品都需要退回亚马逊海外库房。根据中国海关的清关要求，买家需要提供有效的身份证信息以便清关。亚马逊授权的承运商会在买家成功提交退货申请后 24 小时内，通过邮件或短信的方式通知买家上传清关信息。

（5）收到清关信息后，亚马逊会派当地的配送员与买家联系，并协商上门取货时间。

（6）在配送员到来之前，买家要将退货商品、退货标签、扫描码等一起打包好，最好使用原有包装，配送员不提供包装服务。

（7）在配送员上门取货时，买家无须向配送员支付任何费用。如果买家是因为非质量问题退货，就需要承担国际退货费用，这笔费用将从商品退款中直接扣除。

（8）商品从中国买家处退回亚马逊海外仓库大约需要 15 个工作日，退款处理时间约为 3 ~ 10 个工作日。卖家在确定商品符合退货条件后，将为买家退款，款项直接退回买家购买商品所使用的账户中。

想在亚马逊开店，请做好准备

如果想要在亚马逊开店，卖家一定要事先做好准备。除了准备好相关证件外，卖家还要对账号、经营的商品品类进行谨慎选择，并了解与国际商标相关的知识。

2.3.1　哪些商品要接受分类审核

与所有电商平台相似，亚马逊同样会对一些特殊商品类目进行分类审核，而且亚马逊有自己的一套分类审核标准。通过分类审核，亚马逊会筛选出一些有优势且遵守平台规则的优质卖家，并通过对品类的严格把控，更好地满足买家的需要，使买家获得优质的消费体验。下面是亚马逊商品接受分类审核的规则。

（1）当品牌名在商品标题的上方时，商品需要分类审核；如果商品所属品类不需要分类审核，那么商品的品牌名应在标题下方，且标题前有"by"。

（2）在亚马逊首页搜索同类商品时，如果出现的商品没有能够跟卖的按钮，则说明这些商品所在的分类需要进行分类审核。

（3）通过查看亚马逊后台，可以直观看到需要分类审核的类目。

（4）参考亚马逊各站点列出的分类审核类目。

2.3.2　了解与国际商标相关的知识

很多卖家认为，注册国际商标费钱费力，而且自己不需要品牌效应，没有必要注册国际商标。事实并非如此。即使是中小企业卖家，也需要了解国际商标的相关知识，最好注册属于自己的国际商标。

亚马逊一直鼓励卖家走品牌化路线，并出台了相应的支持政策。平台上的大卖家多数都注册了国际商标，现在，注册国际商标已经成为一种趋势。那么在亚马逊平台上注册国际商标究竟有什么好处呢？

1.规避风险

如果卖家的某款商品被平台要求下架、被用户投诉或者系统检测到该商品是违规的，卖家就需要提交采购单据、发票等凭证来证明商品的合规性。但如果注册了国际商标，那么卖家可以直接申诉，说明商品已经注册国际商标，以此证明不存在侵犯别人权益的行为。相关数据显示，90%的新手卖家都会因为商标侵权而遭封号处理。

2.捍卫权益

由于亚马逊的系统允许跟卖，导致跟卖现象泛滥，使部分卖家的品牌或权益受损。如果因为他人的跟卖导致品牌效应大打折扣，那么卖家及时注册国际商标就很重要了。注册国际商标后，卖家要进行GCID（Global Catalog Identifier，全球目录编码）商标备案，如再出现跟卖现象，卖家可以对侵权者发出警告或直接投诉对方，捍卫自身的权益。

跨境电商企业注册国际商标很重要。在注册国际商标时，跨境电商企业要寻找有效的注册方法，提前进行商标检索，并咨询专业人士的意见，尽最大可能规避商标注册风险。

3.打造品牌形象

注册国际商标可以提高买家对商品的信赖感，当买家看到店铺中都是有商标、有保证的商品时，卖家的品牌形象会被买家记住，潜移默化地影响买家的购买决策。

综上所述，注册国际商标有利于店铺未来的发展，卖家应在店铺经营初期就注册国际商标。

2.3.3　账号为什么会被封

不少亚马逊卖家会在某一天登录账号时发现自己的账号被封了，但他们并不清楚是何种原因导致的封号。实际上，如果不了解亚马逊账号被封的相关知识，卖家很有可能在不知不觉中违规操作，从而导致封号。

1.账号关联问题

注册信息重复会导致账号被无故关联，例如，同一个ip地址登录两个或者两个以上的亚马逊账号，就会被亚马逊系统判定为账号关联。因此卖家的一个账号只能用一个ip地址、一个PayPal（中文名：贝宝）账号、一个邮箱，而网卡MAC（Media Access Control Address，媒体访问控制地址）最好是动态的，并注意cookie（储存在用户本地终端上的数据）的痕迹，因为系统也会根据卖家使用互联网的习惯来判定账号是否关联。

一般情况下，平台会要求卖家注销其中一个账号。同一个人操作多个账号，因为操作习惯相似，被平台检测到也会直接被判定为关联。多账号操作时使用相同的税号或相同收款账号，仍然会被判定为关联，并被封号。

2.跟卖侵权

亚马逊平台默认跟卖行为，一旦卖家跟卖侵权，就会受到平台的封号惩罚。所以卖家若要跟卖，也需要提前观察对方有没有注册商标或者相关专利。如果卖家因跟卖被对方投诉，将会被系统认定为侵权，直接封号处理。

3.买家评价

在亚马逊平台上，差评过多的店铺随时有可能被封号，但通过申诉一般是可以解封的。

4.认证问题

有些商品需要取得相关的认证才能在一些国家销售，例如，卖家在欧洲站销售电子产品必须取得CE认证。

5.账号表现

平台对账号表现的考核要求为：订单缺陷率小于1%；买家购物取消率小于2.5%；延迟发货率小于4%；有效追踪率大于95%。如果没有达到这几点要求，卖家账户将会被判定为表现过差，进而受到警告，甚至被封号。

6.卖家操作评价

亚马逊也存在刷单现象，平台对刷单行为一直保持零容忍的态度，如发现就会被立刻封号。

2.3.4 掌握获取商品编码的方法

电子商务平台的商品流通大多需要商品编码，常见的商品编码主要有EAN（European Article Number，欧洲商品编码）、UPC（Universal Product Code，通用商品编码）和JAN（Japanese Article Number，日本商品编码），最常用的是UPC。

UPC编码是美国统一代码委员会制定的一种商品用条码。由于是最早应用的商品编码，所以UPC编码应用范围十分广泛，又被称为万用条码。UPC编码分为标准版和缩短版两种类型，标准版由12位数字构成，缩短版由8位数字构成。

亚马逊北美站的卖家需要使用UPC商品编码发布商品，此码对于卖家来说非常重要。卖家可以通过以下两种渠道获取正规UPC编码。

（1）一般情况下，生产制造商需要向当地的编码中心申请以获得UPC编码。中国的编码管理机构是中国物品编码中心，中国卖家可以通过生产制造商向编码中心申请编码。

（2）通过亚马逊官方推荐的网站"BarCodesTalk"购买编码。BarCodesTalk作为一个中介网站，数字证书是被UPC编码管理中心承认的，但是卖家获得编码需要支付一定的费用，如下图所示。

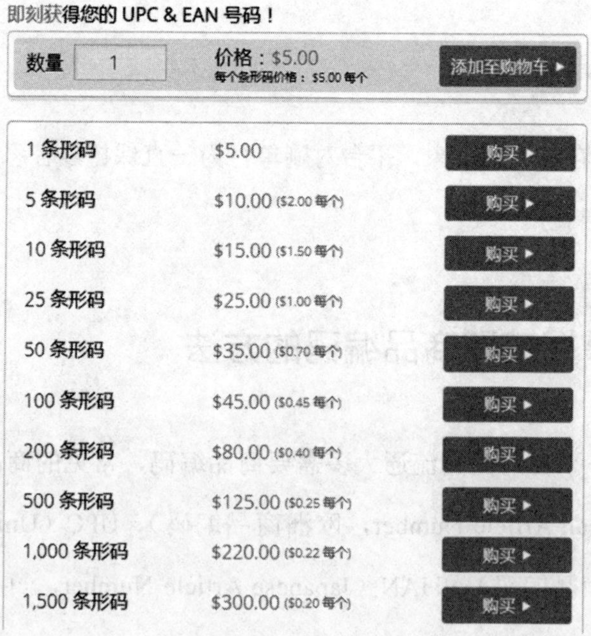

UPC&EAN价目表

卖家一定要通过以上两个正规渠道购买UPC编码。在亚马逊上，并非所有商品都需要提交UPC码，例如，私有商品、特殊商品零件或配件、定制商品等不需要提交UPC码。如果卖家销售的是这些商品，可以向亚马逊申请免除发布商品所需的UPC码。

需要UPC码才可以添加商品的品类主要包括图像和照片、电子设备、食品百货、家居和花园、办公用品、宠物用品、软件、录像制品等。

借助A-to-Z条款保护自身利益

亚马逊A-to-Z条款全称为Amazon A-to-Z Guarantee claim（亚马逊商城交易保障索赔条款），它是用来保护亚马逊买家的一项政策。如果买家不满意卖家的服务或商品，就可以根据这项条款发起索赔，维护自身权益。

2.4.1 哪些情况会触发A-to-Z条款

一般情况下，如果买家对卖家的商品或服务不满意，会提出补偿要求。如果双方无法协商一致，买家就可以发起亚马逊A-to-Z索赔申诉。如果3天之内，卖家没有回复，则判定买家胜诉。买家可以针对以下问题发起索赔申诉。

1.未收到货物

卖家标记发货，但买家没有在预定时间内收到商品，买家就可以对卖家发起申诉。亚马逊平台会调查包裹的签名，如果发现卖家没有履行承诺，卖家就需要赔偿。

2.商品与描述不符

买家收到的商品与商品详情页面展示的商品存在重大差异，包括收到时商品受损、存在缺陷、缺失零件等情况，买家就可以发起索赔申诉。

3.买家未收到退款

卖家同意给买家退款，买家退还了商品，但卖家并未将货款退还给买家，那么买家可以发起A-to-Z进行索赔。

4.卖家拒绝退货

卖家拒绝买家合理的、符合亚马逊退货政策的退货请求，买家就可以发起A-to-Z进行索赔。

2.4.2　收到A-to-Z，如何处理

针对A-to-Z索赔，卖家该如何应对呢？

（1）及时检查。卖家应在亚马逊账号"Performance（绩效）"中查看是否有新增的A-to-Z，如果有新增A-to-Z，客服邮箱就会收到邮件通知。

（2）及时回复。卖家需要在索赔发起3天内在亚马逊上跟进回复。如果卖家3天内不做响应，亚马逊就会批准买家的索赔要求，直接退款给买家，同时会从卖家账户扣除索赔金额。

（3）联系买家。卖家要与买家进行友好沟通，争取让买家撤回A-tō-Z。因为如果超过3天，卖家才发起处罚撤销申请，A-to-Z罚款还是会从卖家的账户中扣除。

（4）注意言辞。在处理A-to-Z期间，如果卖家言辞不当或者有不合理的地方，可能会导致店铺被关。

（5）准备申诉。如果卖家多次联系买家，买家却一直不回复，或者买家提出的要求是卖家无法满足的，双方无法协商一致，那么卖家就需要收集对自己有利的信息，然后向亚马逊提交申诉信进行申诉。

（6）如何申诉。在申诉信中，卖家需要提供订单详情、包裹追踪信息、与买家沟通的记录、之前退回的部分货款、优惠信息等有效信息。在亚马逊发来的索赔邮件通知中，卖家需要点击"Represent to Amazon（提交给亚马逊仲裁）"，申请亚马逊介入仲裁，并提供之前收集好的相关证据。

第3章

eBay：成熟的一站式
跨境电商平台

eBay也被称为易贝、亿贝，是一个全球性质的线上拍卖及购物网站。eBay于1995年9月4日在美国加利福尼亚州正式成立。在eBay上，每天都有数以百万计的家居、车辆、电子产品等被刊登和交易。只要物品不违反法律，也不在eBay禁售名单之内，卖家就可以刊登，等待买家购买。相比于亚马逊，eBay更像一个大型互联网"跳蚤市场"，同时它也是一个成熟的一站式跨境电商平台。

了解在eBay开店的条件与流程

本节我们来了解不同的主体在eBay开店需要准备的材料以及相关流程，帮助卖家从0开始在eBay上开设自己的店铺。

3.1.1　企业开店VS个人开店

在eBay上开店的主体不同，需要的资料和拥有的权限也不同。

1.注册资料不同

在eBay上注册个人账户只需要身份证、银行卡等资料，要求较少。而注册企业账户则需要公司名称、类型、地址等企业详细信息，注册流程比较烦琐。

2.银行账户

企业卖家需要有一个商业银行账户用于收付款，这个账户必须是对公账户。而个人卖家只要直接注册一个个人账户就可以进行收付款，要求比较少。

3.权限不同

eBay的企业账户比个人账户拥有更高的权限，如有客户经理支持、店铺可以开设子账号等。

4.额度不同

eBay账户的额度和可以发布的商品的多少息息相关，例如，3个额度可以发布3款数量为1的不同的商品，或者数量为3的同一款商品。个人账户和企业账户的额度不同，个人账户的初始额度较少，而企业账户的额度较多。账户额度是平台根据账户的评分和表现赋予账户的，个人卖家可以申请提升额度。

已注册的个人卖家也可以升级为企业卖家。个人卖家可以按照下面的流程将自己的账户升级为企业账户。

（1）登录eBay账户，点击"我的eBay"，选择个人账户资料；

（2）在eBay账户类型页面上进行更改，提供公司信息；

（3）输入正确的姓名、联系方式、增值税识别号码等，保存即可完成账户类型变更。

需要注意的是，升级后的企业账户将无法再变成个人账户。

3.1.2　开店流程：按规矩办事不会错

卖家在eBay上开店的流程如下所示。

1.注册eBay交易账户

打开eBay官方网站，点击左上方"注册"按钮。进入eBay注册页面后，设置账号及密码，如下图所示。

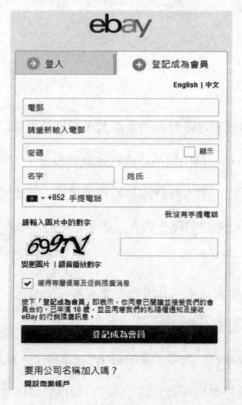

注册页面

之后邮箱会收到eBay发出的一封邮件，点击"以短讯向我提供验证码"，随后输入收到的验证码完成验证。最后确认条款，如下图所示。

确认条款

2.注册PayPal账户

（1）打开PayPal官网注册链接。

（2）选择账户类型。新的注册界面取消了"高级账户"选项，卖家在注册账户时直接选择创建商家账户即可。卖家账户分为个体和企业两种，卖家要如实选择，如下图所示。

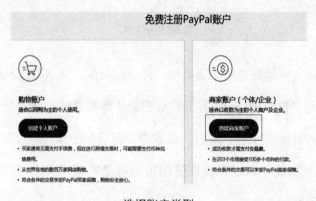

选择账户类型

（3）填写注册邮箱。邮箱为以后的PayPal账号，卖家最好使用企业邮箱或者国际性邮箱，如hotmail、gmail、outlook等。

（4）填写注册信息。以个人名义注册，卖家需要填写个人真实姓名；以企业名义注册，卖家需要填写企业合法名称。填写完成后，点击同意并创建账户即可，如下图所示。

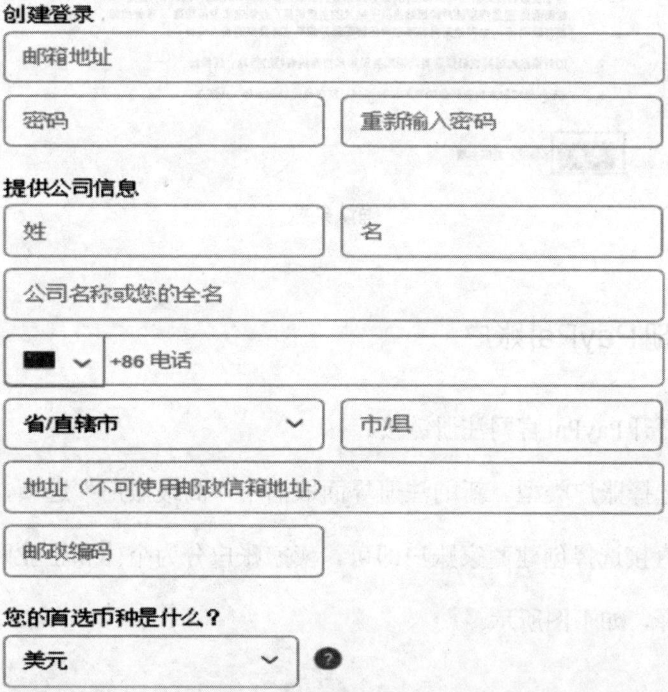

填写注册信息

（5）按照实际情况选择企业类型，如果没有商品网站可以不填写。

（6）进入"我的PayPal"界面，点击确认邮箱地址。

（7）PayPal账户注册完成后，卖家需要激活电子邮件地址和设置密保问题，激活收款功能。通过查看注册使用的电子邮箱，卖家可以找到激活邮件，如下图所示。

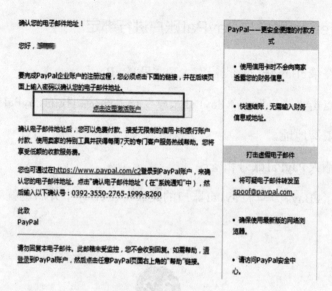

激活账户

（8）跳转到PayPal网站，输入PayPal登录密码。

（9）设置密保问题。

（10）关联的信用卡是用于付款的，点击"跳过此步骤"即可，收款功能已激活，如下图所示。

关联信用卡

3. 将 eBay 账户与 PayPal 账户进行绑定

（1）登录 eBay 账户，点击右上角"我的 eBay"。

（2）点击"账户"—"PayPal 账户"—"连接到我的 PayPal 账户"。

（3）填写地址。

（4）输入 PayPal 账号和密码。

完成了 eBay 账户与 PayPal 账户的关联，在 eBay 上开店也就完成了。

入驻 eBay 的必备知识点

很多卖家并不了解 eBay 网站内的服务收费情况以及物流选择等问题，本节将从入驻 eBay 的费用、物流选择、信用评价体系、账号关联等相关问题入手，帮助新手卖家对入驻 eBay 的必备知识点有具体的了解，避免卖家在经营过程中花冤枉钱或出现违规操作。

3.2.1　eBay 是如何收费的

卖家注册 eBay 不需要支付任何费用，eBay 中也没有最低消费额度的限制。但 eBay 中存在付费功能，是否付费则取决于卖家自身。

eBay 中的费用主要可以分为刊登费和成交费。

非店铺卖家每个月可以发布 50 件免收刊登费的拍卖品，但是一旦超出 50

件，每件商品就要缴纳金额不等的刊登费。而店铺卖家的刊登费会根据门店级别的不同而有所不同。

成交费是交易服务费的简称。成交费在交易完成之后产生，一般按照交易价格的百分比收取，不同类别、不同档次的商品，需要缴纳的成交费的比例也不相同。一般来说，商品成交价格越高，成交费也就越高，一般从50美元到1111美元不等。

除了以上两种费用外，特色功能费也是一个很重要的付费项目。它是在原有的刊登费上增加的功能费，卖家可以选择付费使用，也可以选择不使用。特色功能种类繁多，如10天在线功能、字体加粗功能、图片托管功能等，不同的功能有不同的收费标准。

以eBay美国站的收费情况为例。当卖家在eBay美国站发布商品时，eBay会向卖家收取一定比例的发布费用。在商品售出后，卖家还需要支付一定比例的成交费。因此，在eBay上销售商品所产生的基本费用就是发布费加上成交费。选择的商品发布形式不同，产生的费用也会有所区别。此外，卖家还可以为商品添加一些特殊功能，但须支付相应的功能费。

eBay美国站的标准费用包括拍卖商品的发布费、一口价商品的发布费以及成交费。卖家使用特色功能会被收取额外的功能费，并与商品的发布费同时收取，计入卖家账户，相关费用会单独通过PayPal来收取。

3.2.2 Cassini——eBay的内部搜索引擎

Cassini是eBay自有的内部搜索引擎。与亚马逊的搜索引擎优化排名不同的是，eBay在对商品进行排名前，会使用Cassini检查商品标题、商品详情、所属类目以及同类竞品4方面内容，之后才会进行综合量化对比，为商品排名。

Cassini还需要检查商品是否为卖家提供了相应的价值、店铺的综合指标、店铺评价等。例如，卖家销售商品时，Cassini会跟踪收集卖家的退货服务、商品信息、点击率、评价、反应时间等数据，而这些将成为Cassini为商品排名的依据。

因此，针对eBay的Cassini搜索引擎，卖家想要提高自己的排名，就要做到两点：商品优化和店铺优化。

1.商品优化

（1）商品优化的核心在于标题关键词的优化。一个标题不能只有一个关键词，应该由不同的长短关键词组成。这样买家通过不同的关键词搜索，商品都可以被搜索到。

（2）商品标题、描述应该与所售商品符合。卖家不能为了"取悦"买家而对商品进行虚假描述，这样可能导致商品差评较多，销量不升反降，得不偿失。

（3）由于eBay用户可以对商品的具体细节进行挑选或过滤，所以商品的介绍应当尽可能精确、简洁。例如，卖家出售的商品是电脑，应该将其主类别设置为电子产品，并为其打上办公、游戏等标签，而不是只将其描述为电器。如果eBay商品类别中已经存在卖家所售商品所属的类别，那么卖家只需要输入UPC或EAN编码，eBay就会自动填写剩余信息。

2.店铺优化

（1）买家评价。Cassini会对店铺和商品进行排名，买家评价是影响店铺、商品排名的重要因素。因此，如果买家收到货后对商品不满意，卖家一定要与买家进行友好沟通，帮助买家解决问题，谨防买家随意给出差评。

（2）物流配送。eBay不会因为卖家是否包邮而提高或降低其排名，但是商品包邮确实可以提高买家的满意度，同样的商品，包邮的好评率会比不包邮的好评率高很多。因此，卖家可以通过调整物流配送方式间接改变商品的搜索排名。

3.2.3　卖家如何选择物流方案

海淘的物流运输时间很长，货物极易在运输途中受损甚至丢失，这些都会影响买家对于卖家的评价和买家的购物体验。为了不让这些客观因素影响卖家的竞争力，eBay要求所有国际货物必须选择eBay物流政策中允许的物流方案。

常见的几种eBay国际物流方案如下：

（1）"国际e邮宝"或"e-Express"服务；

（2）中国邮政EMS（Express Mail Service，特快专递）服务；

（3）由UPS（United Parcel Service, Inc.，美国联合包裹运送服务公司）、Fedex（联邦快递）、DHL（中外运敦豪）、TNT（荷兰的一家快递公司）提供的商业速递服务；

（4）能对发往海外的包裹提供从发货到妥投的货物追踪的海外仓储服务。

如果卖家发布的商品属于以下情况，则不受eBay物流政策的限制：

（1）商品使用海外仓储（仅限于美国仓储），且商品所在地为美国（遵守正确设置商品所在地政策）；

（2）发布指定分类中无法空运的商品；

（3）账户评分达到或超过美国站卖家标准，且商品售价（包括物流费）不高于5美元的商品。

卖家可以向买家收取合理的运费和手续费，用来支付邮寄、包装和处理商品所产生的成本。eBay对运费和手续费不进行规定，但会根据买家举报来确定卖家收取的运费、手续费等是否过高。运费及手续费不包含在商品最终成交价中。

3.2.4　掌握eBay的信用评价体系

eBay中的买卖双方会在交易完成后为彼此打分，买家对卖家的评价标准有好评、中评和差评3种，还可以附上简短的评论。而卖家只能给予买家好评或不评价。eBay中的互评机制，类似于淘宝的信用评分机制。

互评分数是用户（买卖双方）资料的重要组成部分，直接体现在每个用户ID旁，如下图所示。此外，体现用户消费行为的指标还有以下几个：好评率，即近12个月的好评数与评分总数之比；近期评分，通过综合计算近1个月、6个月和12个月的好评数、差评数和中评数得出；撤销竞拍次数，指近12个月用户在拍卖期间撤销拍卖的次数。

Feedback	From	When
⊕ I will buy more items from you New Kingston 80MB/s 8GB 16GB 32GB 64GB Micro SD SDHC UHS-I Class10 Memory Card (#152004277613)	n***a (53 ★) US $16.24	During past month
⊕ super thanks New Kingston 80MB/s 8GB 16GB 32GB 64GB Micro SD SDHC UHS-I Class10 Memory Card (#152004277613)	u***0 (192 ★) US $11.95	During past month
⊕ Prompt delivery, item as described. New Kingston 80MB/s 8GB 16GB 32GB 64GB Micro SD SDHC UHS-I Class10 Memory Card (#152004277613)	h***e (918 ★) US $5.60	During past month
⊕ Perfect! New Kingston 80MB/s 8GB 16GB 32GB 64GB Micro SD SDHC UHS-I Class10 Memory Card (#152004277613)	r***x (70 ★) US $9.31	During past month

eBay上用户的分数

与淘宝网的钻石、皇冠等级划分体系较为类似，eBay会将不同分数的用户划分为不同的等级，以不同颜色和不同特效的五角星对用户加以区分。

在大多数情况下，用户反馈信息是可以永久保留的，卖家应重视买家的评价。买家评价后，就不能再修改分值。买家不能为降低卖家分值而故意重复购买某款商品并给予差评。在一定期限内，买卖双方协商一致后申报eBay可以修改评分。

卖家不能以任何理由限制买家评论。买家也需要注意，评论中不能包括网络链接、辱骂言论或其他不恰当内容。

因为卖家无法给买家差评或中评，为了保护卖家权益，eBay制定了以下规则。

（1）卖家可以通过规定买家条件来避免恶意买家。例如，在商品列表上写明互评分值低于某个等级的买家无权购买该商品等。

（2）非拍卖卖家可以要求买家使用PayPal即刻全额付款。

（3）被恶意评分的卖家可以向eBay申诉，在核实之后，平台会及时删除不实评论或打分。

（4）"eBay卖家保护部门"会监督买家的消费行为，频繁给予卖家差评或要求退款的买家，若被平台发现其存在恶意评分的行为，其账户将会被冻结，其留言及评分将会被清除。

3.2.5　在eBay获取流量的两种方式

在eBay上获取流量并不难。eBay为卖家提供了两种引流渠道：其一是站内流量渠道，其二是站外流量渠道。

1. eBay站内流量

（1）平台流量。为了扶持新卖家，eBay会额外给予新账户20%～30%的流量。因为卖家活跃会使eBay保持交易热度，所以为了增加新卖家的活跃度，eBay会对新卖家上架的商品做出流量倾斜。无论卖家采取何种发布方式，商品都会在48小时内得到有效曝光。如果新卖家每日上架10款以上商品，就能很快提升自身店铺的曝光度。

当然，平台主推的分类流量热度会比其他分类高很多，平台额外给出的自然流量会使主推分类得到更多关注。例如，即使其他分类商品的销售都处于低迷状态，eBay主推的汽车配件分类的相关商品销售数量仍然能保持高增长率。

（2）拍卖。在eBay平台的所有销售方式中，拍卖一直是出单率最高的一种。通过低价拍卖，商品和卖家的排名及人气可以得到提升，如果同一款商品拍卖效果较好，其估价会有所提升。

（3）促销工具。卖家可以使用促销工具推出优惠活动，以获得更多曝光。例如，促销工具中的Markdown Manager（降价管理器）可以对单个产品进行促销；Promotions Manager（提价管理器）能够对整个店铺的商品进行关联促销，如常见的买一赠一活动等。

（4）Promoted Listings（付费推广）。Promoted Listings是一种付费推广服务，即平台根据买家的搜索把卖家的商品推送给买家，或者将商品排列在搜索页面醒目的位置，从而提高商品的点击率。

买家点击Promoted Listings的广告进入店铺并完成交易的全流程都可以被清楚地记录下来，卖家能够直观看到服务效果，从而支付相应的费用。推广费用需要卖家在后台进行设置，一般为商品售价的1%～20%。

2. eBay站外流量

（1）Youtube等视频网站。Youtube等视频网站上的一些网络红人风靡全球，eBay的卖家可以通过与"网红"合作促使商品或店铺获得更高的知名度。

（2）Facebook（脸书）、twitter（推特）等社交网站。通过社交媒体，卖家可以打造素人推广圈。只要卖家的店铺在一级朋友圈得到肯定，那么二级、三级的朋友圈自然会形成口碑，从而帮助卖家自发宣传。

3.2.6　出现账号关联问题，如何解决

几乎每一个电子商务平台都存在账号关联的问题，这些问题会使卖家的账户陷入交易风险中，严重的会被平台冻结账号，甚至强制关闭店铺。

账号关联是指平台的程序算法识别出个人或企业同时操作几个账号，这些账号会被认定为存在关联。平台会监测卖家所有的后台操作行为，通过匹配关联因素判断多个店铺的账号是否属于同一卖家。

例如，eBay的A卖家所用的ip是B卖家闲置的，那么eBay就会认为两个账号来自同一个卖家，A、B卖家的账号就会被判定存在关联。随着eBay卖家数量的不断增长，账号关联问题也随之增多，一旦被平台判定为账号关联，那么涉及的多个账号都有可能被封号。

账号关联问题与以下几个因素有着密切关系。

（1）注册信息。在注册账号时，卖家需要向平台提供企业名称、负责人姓名、地址、电子邮箱、信用卡账号等信息。这些信息全部或者部分相同则会极大概率导致相关账号被判定为关联。

（2）ip问题。同一ip地址下不能登录多个卖家账号，也不能登录卖家账号所关联的邮箱。如果用一台电脑登录多个账号，即使每次都更换ip地址，eBay也会对ip段和端口进行提取审核。如果检测出同一台电脑使用多个账号登录一个MAC，那么也能检测出关联信息。因此，一个账号需要采用固定ip，另外还要保障同一ip没有被其他卖家使用过。

（3）软件环境。卖家需要定期清除存储在用户本地终端上的数据，必要时需要重装系统，或者使用防关联软件系统的本地虚拟服务。

（4）PayPal关联。一个PayPal账号能够绑定多个eBay账号，一旦一个eBay账号被限制或者被封号，那么PayPal所关联的eBay账号将全部被审查。所以，每个PayPal账号应该只绑定一个eBay账号，避免这一风险。

在eBay发布商品的5大步骤

卖家在eBay上发布商品，要经历5个步骤。如果能熟练掌握这5个步骤，卖家就能够节省很多时间和精力，并且规避很多交易风险。

3.3.1　基于真实原则输入商品属性

eBay对商品属性有着严格要求。卖家不能为了图方便就随意输入商品属性，例如，将图书归类为服饰，将电子配件归类为图书等。卖家应当按照以下步骤真实地输入商品属性。

（1）登录eBay官网后，在商品发布界面点击"sell（售卖）"，进入商品上架页面。

（2）填写商品名称，点击"get started（开始）"，选择商品类型。

商品必须在正确的类别中发布，如果有多种子类别，卖家需要将商品发布在对应的子类别中。例如，连衣裙需要在"服饰>裙子"的分类中，而不能在"服饰>其他"的分类中。

（3）在"商品所在地"一栏中，卖家必须填写真实的商品寄出地址。商品所在地址要与卖家账户信息相符，如果不相符，卖家在发布时必须如实选择商品寄出地址（不可以只在商品描述中说明），避免出现不必要的交易纠纷。

运费的设置也要与商品所在地一致。例如，账户ip在日本，商品所在地为英国，商品被英国卖家拍下，运费要按照英国当地的运费标准设置，而不能设置为日本到英国的运费。

（4）卖家在eBay上发布商品时，可以在商品描述中使用链接开展促销活动。但是，有些类型的链接是不符合使用标准的，如个人或商业链接。需要注意的是，任何链接都不能跳转到eBay以外含商品销售信息的页面。

（5）卖家发布商品时必须包含至少1张图片，且图片不能过于模糊，不能包含文字边框和插图。卖家发布二手商品不能使用eBay商品目录中的图片。

3.3.2　填写商品信息：标题、描述、尺寸等

如实填写商品信息也是很关键的一步。卖家通过点击"Item Description（项目说明）"按钮，可以添加商品标题。之后点击"Details（详情）"按钮，

可以填写商品的状态、详情描述、物流方式和时间等信息。

1. 标题

商品的标题应简洁大方，关键词精准。eBay平台规定标题需在80个字符以内，卖家应控制好标题的字数。

字母大小写要遵守英语书写规范，如标题的首字母大写，并满足搜索规则的要求，因为买家会通过标题判断店铺的专业程度。

商品的主要关键词应特别注意编写标准化，例如，主要关键词+关联词+关键词+商品属性（尺寸、颜色、形状）+特色；品牌+数量+主要关键词+关联词+关键词+用途+产品属性（尺寸、颜色、形状）+特色等。

2. 商品状态

卖家应该标明售卖的商品的使用状态，如全新、卖家自行翻新、二手等。当展示出来的商品状态为全新时，商品就必须是全新未使用的，并且包装需要和零售渠道的包装、图片中的包装一致。卖家一定要实事求是，不能以次充好、以旧充新。

3. 商品详情

在描述售卖的商品时，卖家需要完整展示商品细节信息。下面以卖家在eBay美国站售卖商品为例，讲述卖家该如何展示商品详情。

（1）卖家进入商品发布方式的页面即可看到详细的商品发布设置页面中有"Item Description"模块，点击"Standard（标准）"直接输入商品描述，或点击"HTML"，使用HTML代码加入较复杂的商品描述。

提供买家常见问题的回答，表明店铺政策，如收付款政策、物流政策、退换货政策等。说明工作时间（当地时区时间），写明在收到邮件多久后会给予买家答复。

（2）在"HTML"中编辑输入完成HTML代码后，点击"Standard"，可预览编辑后的效果。

（3）如果直接在"Standard"中编辑，可利用工具条对商品进行描述，并进行简单的排版设置。

4.物流

物流运输设置中有3个选项，分别为：每件商品固定运费、不同地区卖家设置运费、本地当面交易无运费。卖家一般会选择固定运费模式。

中国的卖家一般会选择国际e邮宝。如果卖家所在地区有海外仓，可以选择UPS、DPD（Dircet Parcel Distribution，德普达快递公司）、DHL、USPS（United States Postal Service，美国邮政署）等快递服务。

当然，运费的多少还和商品的包装尺寸大小和重量有关。跨国运费较为昂贵，因此卖家需避免不必要的支出。

5.退换货政策

退换货政策应简洁明了，让买家知道店铺支持30天退换货即可。具体退换货条件、流程可在之后的交流中进一步说明。

3.3.3 根据自身需求设置商品发布方式

eBay中的商品发布方式有拍卖、一口价等，卖家可以根据自身需求进行设置。

在出售二手商品时，一些卖家因为无法确定商品的价值，但又希望尽快售出，会选择拍卖的方式发布，让市场决定商品的价格。

一口价的发布方式很好地解决了卖家库存商品量大，希望减少发布费的问题。通过此方式，卖家可以使用自动更新，大大提高发布效率。

拍卖与一口价这两种交易方式实际上可以并用，运用在多种类商品销售中，同时吸引竞拍买家与倾向便捷的一口价交易的买家，可以帮助买家了解卖家的其他在售商品，从而使店铺曝光度提高。

在商品发布的过程中，卖家应尽量避免重复发布。如果卖家重复发布商品，重复发布的商品将被eBay平台移除或者不显示在搜索结果里，属于无效发布。甚至卖家账户的买卖权限会被直接终止。

3.3.4　梳理库存，明确可售商品数量

一名合格的卖家不仅要努力销售商品，还要做好后勤工作，定期梳理库存，明确可售商品数量。否则当买家想要购买商品时，卖家却没有库存了，这势必影响卖家的信誉度。

1.设置拍卖方式中商品可售数量的步骤

（1）虽然在拍卖方式下，买家每次只能购买一件商品，没有"数量"的选项，但卖家可以通过点击"Add or remove options（增加或移除选项）"为商品设置批发功能。

（2）如果卖家选择了"Lots（批发）"功能，那么在"Choose a format

and price（选择格式和价格）"模块中就能够设置一次性拍卖多件商品。"Number of lots"是商品可供出售的数量，"Items per lot"是每件商品包含的单品数量，例如，拍卖一套模型组合，一套一共5个玩偶模型，那么"Number of lots"为1，"Items per lot"为5。

2.设置一口价方式中商品可售数量的步骤

（1）在"Choose a format and price"模块中点击"Fixed price（修正价格）"进入"一口价方式"设置选项，在"Quantity（数量）"下的文本框中输入发布商品的数量即可。

（2）点击"Fixed price/Add or remove options（修正价格/增加或减少选项）"，在新对话框中点选"Lots/Save（批发/保存）"，为一口价商品设置批发功能。

卖家需要以严谨的态度管理库存，在实际操作中需要按照库存情况及时调整商品的可售数量，避免出现仓库有货、发布商品页面没货，或发布商品页面有货、库存没货的情况，给买家带来不良的购物体验。

3.3.5 考虑要不要使用第三方工具

第三方工具可以帮助卖家发布商品，并管理自己的库存，如给商品编号、设计商品信息展示形式等。不同的第三方工具有不同的功能，下面介绍几种适合中国卖家的第三方工具。

（1）Auctiva。Auctiva工具不支持商品编号，适合商品种类不多的卖家使用。Auctiva工具的商店功能完全和eBay同步，便于操作。卖家还可以在

Auctiva工具上设置自动回复。

（2）iBay365。它是一个可供卖家永久免费使用的ERP系统，具有全中文操作界面，可以一键导出eBay中的商品信息，并自动生成商品发布模板。同时，iBay365可以全面对接eBay Trading API（Application Programming Interface，应用程序编程接口），卖家不登录账号即可完成几乎所有eBay操作，并且它还支持多个eBay账号绑定、多级权限销售经理一站式管理。除此之外，它还拥有强大的数据分析和扩展功能，可以帮助卖家迅速掌握销售状况，及时匹配市场。

（3）MerchantRun。MerchantRun有中文操作界面，客服系统十分强大，卖家的问题能够及时得到解决。它还为卖家提供了丰富的发布模板，卖家可以为不同的商品选择不同的发布模板。MerchantRun还可以实现多个子账户操作，通过子账户实现多人管理商品发布以及查看商品信息。MerchantRun的自动发布功能节省了很多人力和时间。

（4）PushAuction。通过企业版PushAuction，卖家不用登录eBay账号就可以上传商品，还可以处理所有绑定的eBay账号中的所有消息。它的库存管理比较完善，卖家可以实时了解商品的销售信息，并管理商品库存。它还可以关联PayPal账户，具有即时付款通知功能，卖家在线即可进行销售管理。

第 4 章

TikTok：直播电商环境的新增发展趋势

TikTok是字节跳动旗下一款面向全球150多个国家的社交类短视频App。随着电商的迅猛发展，TikTok已经成为直播电商流量的聚集地。TikTok相继开放了印度尼西亚、英国等市场，对于中国、美国等国家卖家的入驻也逐步开放。虽然TikTok的电商模式还没有完全成熟，但是基于字节跳动对TikTok电商的信心和决心，我们完全有理由相信，TikTok一定会成为一个大型电商市场，电商卖家一定要抓住这一发展趋势。

入驻TikTok，从开店规则开始

本节主要介绍TikTok对卖家入驻的要求，以及卖家的入驻流程，帮助卖家更好地了解这个年轻且正当红的跨境电商平台。

4.1.1　TikTok对卖家有何要求

目前，TikTok只给部分有资质的卖家开通入驻资格。以中国卖家在英国市场入驻TikTok为例，卖家需要具备以下资质，并准备相关材料，才能够通过招商经理入驻TikTok。

（1）卖家需要具有中国企业的相关资质，企业必须为中国的合法企业。

（2）卖家需要具有在欧美国家和地区经营店铺的经验，例如，曾在亚马逊、Wish等电商平台开过店。

（3）卖家必须要有TikTok英国账号，且账号处于正常使用状态，至少发布过5条内容，累计获得100个点赞。

如果卖家符合以上要求，就可以向招商经理提交申请和以下注册资料，待资料审核通过后，就可以正式进入注册流程了。

（1）彩色电子版营业执照及法人身份证件扫描件；

（2）能够正常使用的邮箱账号；

（3）收取验证码的手机；

（4）能够正常接收跨国资金往来的信用卡；

（5）VAT（Value Added Tax，欧盟国家常用的售后增值税）税号；

（6）品类资质及品牌资质；

（7）真实有效的退货地址；

（8）招商经理给的注册邀请码。

4.1.2　在TikTok开店需要哪些步骤

TikTok是一个新兴的跨境电商平台，目前主要覆盖英国和东南亚地区。那么入驻TikTok需要准备哪些资料？入驻流程又是什么呢？

目前，想要入驻TikTok东南亚市场，跨境电商企业必须有邀请码。而入驻英国市场，企业可以选择邀请码入驻或普通方式入驻。中国跨境电商企业通过普通方式入驻TikTok英国市场需要满足以下条件：

（1）拥有合法的店铺营业执照；

（2）商品符合当地出口要求和平台管理要求。

中国跨境电商企业通过普通方式入驻TikTok英国市场所需的资料：

（1）在中国内地或中国香港地区注册的合法营业执照；

（2）法人身份证明文件；

（3）注册邮箱和电话号码；

（4）账户信息；

（5）VAT税号；

（6）中国发货仓或退货仓联系人、手机号码和地址；

（7）联系人和英国退货仓地址。

中国跨境电商企业通过普通方式入驻TikTok英国市场的流程：

（1）填写入驻资料。入驻资料主要包括公司认证信息，如公司营业执照、公司注册信息以及法人身份证正反面照片；基本业务信息，如英文店名、产品类别、国内发货仓或者退货仓地址以及联系人的姓名和手机号码。

（2）提交资料，进入资格审查环节。

（3）审核通过后，开立商户主账户。提交完成后，大约需要半个工作日，卖家的TikTok Shop就正式开通了。

TikTok现在是一片蓝海，其中蕴藏了很多发展机遇，对于跨境电商卖家来说，这是一个不容错过的绝佳契机。

TikTok 重点信息解析

与传统的跨境电商平台不同，TikTok 并不是依靠电商起家的平台，它的主营业务是社交。因此，与传统跨境电商平台，如亚马逊、速卖通等相比，TikTok 在运营模式以及信息优势上都有着明显的不同，而这些不同也正是TikTok 以"外来户"身份能够立足于跨境电商市场的主要原因。

4.2.1　对于卖家而言，TikTok 有何优势

对于卖家而言，TikTok 的优势主要有以下几点。

TikTok 的优势

1. 账号矩阵提高触达率

在 TikTok 中，卖家若能向官方申请获得企业蓝 V 认证，有利于搭建自己

的账号矩阵，形成品牌效应，从而更便捷地推广商品或店铺，同时能够享受更多优惠政策。

建立品牌矩阵有助于品牌高频、深入触达买家，品牌能够与买家建立起高黏度关系。通过建立社群，卖家能够将公域流量引入私域，通过社交关系进行品牌营销，呈现品牌的独有魅力，提升买家对品牌的认知度。例如，卖家可以在TikTok的短视频中放置商品链接，买家直接点击链接即可购买商品。

2.广告投放效果好

在TikTok中，图片和短视频都可以成为广告素材。特别是打开TikTok时的首页广告，能够给买家带来视觉冲击，3.5秒的时长不仅可以保证买家的注意力集中，还可以避免买家对广告产生厌烦情绪。

短视频广告还支持点赞、评论、转发等功能，卖家能够直观地看出买家对于品牌、产品的态度，也便于后续在品牌营销、产品优化等方面及时做出调整。

3.营销效果好

TikTok上存在职业"网红"，他们的背后往往是专业的运营团队，在产品调性选择、营销推广方面有着较强的能力。因此，如果卖家找到合适的"网红"合作，让其对自己的品牌或产品进行推广，那么即使是一个新的品牌，也能够很快与众多潜在买家建立联系，因为"网红"营销的核心就在于连接品牌与买家。相较于品牌自己直接宣传，买家更容易对"网红"的软广告感兴趣。相关调查显示，将近80%的TikTok买家认为"网红"营销对他们的购买决策有很大影响。

4.2.2　TikTok的流量分发机制

各大跨境电商平台都有自己的算法，例如，亚马逊有A9算法、谷歌有谷歌算法等。算法是跨境电商平台必不可少的机制，其目的是吸引潜在买家，转化流量，实现品牌的推广目标。

TikTok的算法与抖音类似，都采用去中心化的流量分发机制。不管是新账号还是有一定粉丝量的账号，只要发布一条新的内容，都会获得100～1000的基础流量，这是每个账号都会拥有的初级流量池。之后，TikTok会根据卖家账号视频的数据表现来决定是否让其进入次级流量池。如果能够进入次级流量池，TikTok会在一段时间后继续评估卖家的视频流量数据，如果再次达到标准，账号就会进入更高级的流量池，如此循环往复。一般情况下，所有的视频都能够得到一个月的长尾推荐。

TikTok的"倒三角螺旋"推荐机制类似于倒过来的金字塔。TikTok向视频分发初级流量时，也会相应地查看视频播放量（0～1000）。如果达到了规定的播放量，那么次级流量池（5000播放量）就会开放。如果再次达到目标，第三级流量池（1万～10万播放量）就会开放。如此上升，最终达到百万甚至千万级别的播放量。

TikTok的流量推荐指标权重为：完播率>转发量>评论量>点赞量。可见，播放量在TikTok流量分发中的重要性。即使有一部分视频反响不好，卖家也不要着急，因为如果后期产生了一个爆款视频，其他的视频便都会进入新的流量池被推荐。爆款优质视频能够二次带动其他视频的流量，提升卖家品牌的可信度。简而言之，只要卖家能够产出一条高质量视频，TikTok 的算法便会把卖家所有的视频都推荐到更大的流量池，整个店铺的流量都能够有显著提高。

了解 TikTok 运营模式，避免风险

因为 TikTok 目前尚未完全开放全球市场，其运营机制还没有完全成熟，所以本节将为大家介绍 TikTok 的基本运营模式，使 TikTok 新手卖家了解该平台的最新变化，避免陷入风险中。

4.3.1　TikTok 如何向卖家收费

在 TikTok 开店几乎零成本。如果卖家本身就拥有合法资质，那么在 TikTok 注册开店时无须缴纳任何费用。在 2022 年 9 月 15 日之后，跨境电商卖家需要向平台一次性缴纳一笔保证金。在使用美元进行交易的市场中，卖家需要缴纳的保证金根据国家站点和经营类目的不同从 125 美元到 2500 美元不等；在英国市场中，保证金则是从 400 英镑到 4000 英镑不等。

如果卖家想要继续在 TikTok 经营，就必须缴纳这笔保证金。中国卖家可以选择网银、借记卡、PayPal 进行缴纳，缴纳地址要与店铺所在地址一致。保证金类目要与注册店铺时所选择的类目一致，多个类目无须叠加，按照金额最高类目缴纳。如果经营多个类目的卖家只想按最低金额缴纳，那么他就要在规定期限内将其他不符合该类目的商品全部下架。经营状况良好且没有违规的店铺，在关店之后可以申请保证金全额原路退还。

如果一个卖家在TikTok多个国家站点分别开设了店铺，那么该卖家就要按照TikTok对不同国家站点保证金的要求，分别缴纳保证金。

除了保证金外，TikTok还会抽取5%的成交金额佣金，以及退款订单金额的1%，但不会额外收取支付手续费。

4.3.2　TikTok Shop经营注意事项

在TikTok Shop中，卖家发布的商品必须为有效商品，如果不按照经营类目规定上传商品，卖家很可能受到平台处罚。

首先，卖家要为上传商品选择正确且合适的名称。商品的名称不宜过长也不宜过短，最好包含商品类型、材质、特性等信息。例如，"雷诺牌海洋系列蓝色纯棉透气遮阳帽（成人均码）"就远比"蓝色遮阳帽"更能引起买家的兴趣。

其次，商品名称中不得含有营销、促销等与商品特性无关的信息，也不得含有卖家的真实姓名。卖家不得使用符号或特殊字符等容易让人混淆的信息，以免买家产生误解，将卖家所售商品与其他知名度较高的商品混淆。如果没有品牌合法授权，卖家不得出售带有其他品牌标识的商品，也不得出售假冒伪劣商品。

再次，商品描述必须使用官方语言，内容包括但不限于商品安全信息、商品规格和注意事项等。同时，卖家必须随商品附上完整的赠品和配件清单，例如，充电器与台灯捆绑出售，那么卖家必须分别给出台灯和充电器的商品详情描述。此外，商品包装的规格和重量必须说明，特别是对于一些食品类商品来说，这一点十分重要。例如，卖家宣称一箱橘子重5kg，但买家收到货后发现包装占了1kg，橘子实际上只有4kg，而卖家并没有事先说明，此时买家就可以提出赔偿要求。

最后，商品的展示图片和视频必须都是真实的，能够反映待售商品的实际情况。商品图片必须为纯白背景，不得有涂抹、水印等；图片必须为彩色，禁止使用黑白图片；图片必须是高清的；卖家可以上传多张图片，但每张图片不能相同；卖家可以在商品页面上传一个不超过5MB的商品视频，用来帮助买家更加深入地了解商品。

4.3.3　出现什么情况会被 TikTok 封号

TikTok本质上是一个社交类短视频平台，卖家在上面开店要想保证自己不会被封号，就要遵守TikTok平台的规则。

（1）TikTok禁止一机多号。TikTok有ip监测系统，如果监测到同一ip在较短时间内发布了多条相似内容，系统就会给该ip下的所有账号限流，严重的甚至会直接封号。如果卖家做不到一机一号，可以找可靠的ip代理商为不同的账号创造不同的ip环境。

（2）同样的素材不能发布在多个视频中，否则系统会将这些视频判定为低质量视频，进而限流。

（3）违反法律法规的视频一律会被限流、删除或者封号。

除了要遵守平台规则外，TikTok中的跨境电商卖家还要注意以下事项。

1.卖方资质认证

如果卖家在没有品牌授权的情况下售卖某品牌的产品，很有可能被品牌方投诉，进而受到相应的处罚，甚至被封号。如果卖家的企业资质证明已经过期，或者缺少特殊类目的资质证明，也会受到平台的处罚。

2.服务质量

如果卖家的延时履约率高于4%，或者首次响应买家时间过长，订单取消率太高，也很容易受到平台的注意，可能会被平台处罚。

3.没有产品合格证和资质

如果平台核查后发现卖家销售仿冒、伪劣商品，或者发布虚假引流内容，并造成严重财务影响，平台可能会封禁其账号。

一般情况下，平台在发现卖家的违规行为后并不会直接做出封号处罚，而是会勒令卖家在规定时间做出调整，如果卖家屡教不改，平台才会采取下一步行动。针对卖家不同的违规行为，TikTok Shop设置了违规分和节点处罚体系。

平台会根据卖家的违规行为及其影响程度，累加卖家的违规分数，不同的违规分数对应不同的限制。例如，违规分数为12分，平台就会对卖家做出30天内的日订单量有90%的上限、不能参加各种大促活动的限制；违规分数为24分，平台就会对卖家做出30天内的日订单量有70%的上限、不能参加各类促销活动的限制。

违规分的有效期为180天，180天后违规分自动失效。但如果卖家在180

天内严重违规，违规分累计达48分，平台将直接取消卖家的店铺经营权，也不会全额退回其保证金。

4.3.4　TikTok的退货服务

TikTok的退货服务比较完善，充分保障买家和卖家的利益。以TikTok英国站为例，TikTok会主动为卖家提供物流服务，其官方物流服务平台会安排员工上门取货。在发货方式上，TikTok的物流分为官方发货和卖家发货两种。官方发货即只能由平台指定物流方进行服务，而卖家发货就可以由卖家自行选择合作的物流商。

中国的跨境电商卖家需要将货物寄送至东莞集运仓。TikTok在部分地区有上门揽收服务，卖家也可以自行付费邮寄。英国本土的卖家可以自己选择物流服务商。

如果卖家没有向TikTok提供英国VAT税号，那么平台收取的物流费中不包含VAT；如果卖家向TikTok提供了VAT税号并经核实有效的，平台收取的物流费有20%是VAT。

如果买家选择退货，需要将货物自行寄回。如果需要退款，卖家必须遵照TikTok平台的规则，使用以下其中一种方式来满足买家的需求：

（1）仅退款不退货。

（2）只能退回卖家在英国当地的退货地址。

（3）使用TikTok Shop提供的本地退货服务，退货包裹不会直接退回给卖家。

如果卖家没有英国本地仓，那么TikTok会从买家处揽收包裹，送至卖家的退货地址。在这个过程中，TikTok会对包裹进行基本的检查，而卖家需要向TikTok支付一定的揽件费和包裹检查费。

4.3.5　美宝莲：直播带货焕发新生机

美宝莲是一个美国的平价化妆品品牌，曾经以极高的性价比和精美的包装横扫全球美妆市场。但随着美妆市场的竞争日益激烈，美宝莲的地位逐渐被其他品牌取代。随着TikTok的火爆发展，美宝莲也迎来了新的"春天"。

原本美宝莲的用户定位为已经步入职场的成熟干练的职业女性，但是这一细分赛道上的竞争者很多。因此，美宝莲希望能够将目标用户的范围扩大为全部年轻女性，而不局限于职业女性。基于这一理念，Volume Express Hyper Curl睫毛膏被选为线上推广的核心产品。

美宝莲选中了TikTok上的"网红"Reiko，与她合作发布了多个主题的创意视频。视频内容既有日常的妆容，也有突出睫毛膏的夸张妆容，兼顾了展示睫毛膏效果和整体妆容效果的营销目的，使得对睫毛膏有着更高需求的潜在买家能够直观感受到产品的亮点。

Reiko还在视频中插入了大量原创歌曲，歌词朗朗上口，贴近年轻女性的现实生活，获得了广泛好评。每条视频的最后，都会给睫毛膏特写，突出了睫毛膏能够从根部卷翘睫毛、完美定型的作用。

Reiko的视频以信息流广告的方式进行推送，借助TikTok的内容推荐机制，这些视频源源不断地获得TikTok提供的流量，吸引了大量年轻女性的关注，短短一天时间就获得了近5万的点赞。而根据相关机构的计算，美宝莲的品牌知名度在短时间内提高了80%，品牌认可度提升了47.9%。而后美宝莲官方在TikTok上趁着热度开启了官方直播，同时联动多位"网红"博主带货，一举创下了极佳的销售业绩。

美宝莲正是通过TikTok上的信息流广告机制和"网红"短视频种草模式进行了一场成功的品牌营销。美宝莲没有选择亚马逊、速卖通等老牌电商平台，而是选择了当下在年轻人中较为流行、流量也较为稳定的TikTok，因为流量稳定意味着其中的市场也更加稳定。

相较于传统的电商平台，TikTok在近几年才开启电商带货模式，其中的市场还是一片蓝海。同时，得益于其社交短视频平台的属性，品牌口碑能够在上面形成一传十、十传百的矩阵效应，吸引众多潜在买家。

美宝莲成功意识到TikTok中蕴含的商机，采取了一切能够打造口碑、进行品牌营销的方式，如短视频引流、直播小黄车、账号橱窗引流等。像美宝莲这样本身就已经具有一定商业价值、拥有成熟运作模式的品牌，在TikTok平台中能够挖掘更多新的用户、新的使用场景，打造更多爆品，收获更多红利。

第 **5** 章

速卖通："国际版淘宝"
带你走向国际

速卖通是目前中国最大的出口B2C电子商务平台，是阿里巴巴面向全球市场打造的线上交易平台，被广大买家称为"国际版淘宝"。目前，速卖通已经覆盖了220多个国家和地区，业务涵盖服饰、3C（计算机类Computer、通信类Communication和消费类电子产品Consumer Electronics三者的统称）、家居、图书等30个一级行业类目。

如何成功地在速卖通开店

要想在速卖通成功开店，卖家首先要了解速卖通的两种销售计划，选择适合自己的计划。此外，卖家还要了解入驻速卖通的资格，准备好相关材料，这样才可以顺利在速卖通开店。

5.1.1 速卖通的两种销售计划

速卖通有两种销售计划：一种是标准销售计划，另一种是基础销售计划。

标准销售计划和基础销售计划都有着严格的开店数量限制，不管是个体工商户还是企业，一个注册主体最多只能开6家店铺，每个店铺只能选择一种销售计划。其中，标准销售计划的注册主体只能是企业。

两种销售计划的年费收费标准、商标资质标准、类目服务指标考核标准都相同。选择标准销售计划的卖家中途退出速卖通，平台只向其返还剩余月份的年费；而选择基础销售计划的卖家，平台则会向其全额返还年费。如果卖家是因为违反速卖通平台的规则而被迫中途退出，平台不会返还年费。

选择标准销售计划的卖家在一个自然年内不能转换至基础销售计划。而当基础销售计划不能满足卖家经营需求，且卖家店铺30天GMV（Gross Merchandise Volume，商品交易总额）≥2000美元、当月服务等级为非不及格，卖家就可以申请转换至标准销售计划。

选择标准销售计划的卖家可发布在线商品数不得超过3000件；而选择基础销售计划的卖家可发布在线商品数不超过300件，而且部分类目暂不开放，每月可享受3000美元的经营额度。

无论选择哪种销售计划，卖家都可以参加各类营销活动，没有支付金额的限制。

5.1.2　成为速卖通卖家的方法

目前，速卖通只允许企业或个体工商户入驻，个人卖家不能入驻。企业入驻速卖通的流程如下。

1. 填写基本资料

在速卖通官网中，卖家需要如实填写基本资料，内容包括企业注册地、密码设置、邮箱、手机号码等。卖家最好准备一个全新的阿里邮箱，便于后续开展业务时使用。

只有合法登记的企业用户才有资格入驻，如果没有合法登记，如街边的流动摊贩，则不能够入驻速卖通。

2.支付宝实名认证

在进行支付宝实名认证时，卖家既可以选择通过企业支付宝认证，也可以选择通过企业法人支付宝认证。

3.提交资料

卖家需要提交企业相关执照，证明企业资质。审核需要2～3天，审核通过后，卖家就可以进入店铺后台。

4.申请大类

在后台，卖家需要选择自己售卖的商品所属的大类，部分类目商品需要卖家提供额外资质证明，如牙科用品、护肤用品等。

5.提交品牌授权书或商标资质申请

如果卖家售卖的是其他品牌授权的商品，那么需要提交品牌授权书。如果是自己的产品，卖家需要提交商标资质申请。

6.缴纳保证金

保证金从支付宝余额中扣除，在类目申请成功后按照提示进行操作，最终确认缴费成功，店铺就可以正常经营了。

速卖通基本情况概述

本节将为读者介绍速卖通平台的特点以及收费标准。只有了解了这些基本问题，卖家才不会在开店之初就举步维艰。

5.2.1 速卖通有哪些特点

作为阿里巴巴旗下的电子商务平台，速卖通对于中国卖家可谓十分友好，其特点主要有以下3个。

1.入驻门槛低

速卖通平台对卖家没有企业组织形式与资金的限制，面向全球多个国家的消费者和小型跨境电商企业开放。

2.交易流程简便

商品的出口报关、进口报关由速卖通物流方操作完成。买卖双方的订单生成、发货、收货、支付等流程全部在线上完成，其操作模式与国内淘宝操作模式类似。

3.价格优势

中国制造业具有聚集优势，能够为全球众多国家的卖家提供一手货源，因此速卖通具有很强的价格优势。同时，由于速卖通的单笔订单成交金额往往不会达到进口国的关税起征点，因此大大降低了买家的购买成本。

5.2.2 速卖通如何收费

如果企业想要在速卖通上开店，就需要缴纳一定的店铺保证金，以证明自身不是空壳企业。2019年11月27日之前，卖家要根据自己的商品所属的经营大类缴纳技术服务年费，否则，速卖通不会给卖家提供线上信息发布交易服务。而2019年11月27日之后，速卖通更新了平台招商规则。

新入驻的卖家需要使用店铺关联的支付宝账户余额缴存保证金，该笔资金是冻结的，无法随意转出。保证金的收费标准根据店铺注册所选经营大类不同而有所差异，但会参照技术服务年费收取。如果卖家入驻了多个经营大类，那么保证金按照这些大类中最高金额进行收取，不会叠加收取。

在卖家退出速卖通平台时，只要不存在平台规则中规定的违约行为，平台就会将保证金全额原路返还到卖家的支付宝账户中。这意味着只要合规经营，卖家的经营成本不会很高。但如果卖家投机取巧，出现严重违规行为，速卖通就会从保证金中扣除相应的违约金，剩余部分会在卖家退出平台后原路返还至卖家的支付宝账户中。

入驻速卖通,要遵守6大规则

和淘宝一样,作为国际版淘宝的速卖通也有着自己的平台规则,如搜索排名规则、知识产权规则、评价规则等。卖家一定要遵守相应的规则,避免被封号、强制关店。

5.3.1 搜索排名规则:关键词与商品相关性和商品质量

速卖通搜索排名的整体原则是帮助买家快速找到想要的商品,获得更好的购物体验。可见,搜索排名就是将优质的商品、服务、卖家优先推荐给买家,也就是说,谁能给买家带来更好的购买体验,谁的商品排名就靠前。

影响商品搜索排名的因素很多,可以概括为以下4类:

(1)搜索词与商品本身描述是否相关;

(2)搜索词和商品类目是否相关;

(3)商品的质量高低;

(4)卖家服务水平高低。

那么,卖家如何才能提高商品的搜索排名呢?

(1)保证商品描述完整、准确;

（2）平台会根据商品的转化能力和卖家过往的表现进行商品推荐，因此优化店铺评价也十分重要。

这里需要特别注意，如果卖家出现相关的搜索作弊行为，将会大大影响商品的排名甚至失去排名机会。因此，卖家不要抱着侥幸心理通过作弊提升搜索排名，诚信经营才是长远发展之道。

5.3.2 知识产权规则：商标、著作权、专利等

知识产权规则是为了保护消费者权益而制定的。如果卖家想要申请商标，就需要提供速卖通要求的商标注册证或授权书以及进货发票。商标审核通过后，卖家才能够发布相关商品。

首先，店铺商品的商标不能涉及不正当竞争，例如，与速卖通平台中已有的品牌、频道、类目等相似的，包含行业名称或热搜词的，包含知名人士或地名的纯图形商标等。简而言之，卖家在速卖通中使用的商标一定要是正规、合法的商标，不能只想着蹭热度。如果卖家入驻时申请经营限制类商标商品，速卖通有权利拒绝或终止申请。

其次，如果卖家经营的商品出现以下情况，平台有权下架商品：

（1）商品被证明生产不合规，或者不符合国家、地方、行业和企业的强制性标准。

（2）经平台或第三方专业机构评判后，发现卖家的品牌侵害其他品牌的商标、著作权、专利等。

（3）品牌在经营期间明显存在高纠纷率、投诉率、退货率，严重影响买家的购物体验，经提醒后仍无改善的，平台会对店铺进行扣分。当累积到一

定分数时,平台会强制卖家关闭店铺。

5.3.3　交易规则:不要触碰法律红线

在交易过程中,卖家需要熟悉相关法律法规,避免触碰法律红线,导致店铺被关闭。

(1)在速卖通平台使用的电子邮箱不得包含违反国家法律法规或干扰速卖通运营管理秩序的相关信息,否则速卖通有权要求卖家更换邮箱。如果卖家拒不更换,速卖通有权停用该邮箱。

(2)卖家在速卖通注册使用的邮箱、联系信息等必须属于卖家授权代表本人,速卖通有权对该邮箱进行验证;否则,速卖通有权拒绝提供服务。

(3)为了确保平台信息安全,速卖通有权终止、收回没有进行身份认证或连续180天未登录过的速卖通账号。

(4)如果卖家的账号因为严重违规而被关闭,即使再次注册,速卖通依然有权利立即停止服务。

(5)速卖通的会员ID在账号注册后由系统自动分配,不可修改。

(6)速卖通有权利对卖家的资质进行审查,包括但不限于支付宝实名认证,并有权审查其营业执照、法定代表人姓名、联系地址、注册地址等信息。

(7)商品发布后,卖家将在速卖通自动开通店铺,且不得转让或交易店铺。

(8)卖家认证主体必须是速卖通账户的权责承担主体,如果卖家在阿里巴巴集团旗下其他平台开设账号,卖家必须承诺并保证在速卖通认证的主体与该账号在阿里巴巴集团旗下其他平台的认证主体一致,否则平台有权立即停止服务，并关闭卖家的速卖通账号。

（9）店铺名称和二级域名需要遵守平台相关规范，不能包含违反国家法律法规、涉嫌侵犯他人权利或干扰全球速卖通运营秩序等相关信息，否则速卖通有权拒绝卖家使用相关店铺名称和二级域名或取消店铺名称和二级域名。

5.3.4 放款规则：时间+方式+常见问题

1.放款时间

速卖通根据卖家的综合经营情况（如纠纷、评价、退款等数据指标）评估订单放款时间。一般有以下3个放款时间：

（1）发货后3～5天放款；

（2）买家保护期结束后放款（买家保护期结束指买家确认收货或买家确认收货超时后15天）；

（3）发货后180天放款。

2.放款方式

（1）在卖家账号正常的情况下，有提前放款和一般放款两种放款方式。提前放款，放款比例为70%～95%，比例根据账号经营表现有所不同；一般放款，放款比例为100%。

（2）在卖家账号关闭的情况下，放款比例为100%。

3.常见问题

（1）账户的放款时间和方式发生变化。因为系统每个月3日会对卖家的数据指标进行考核，根据整体经营情况决定卖家本月的放款时间和方式。

（2）享受发货后就放款的卖家在以下两种情况下不可以享受发货后放款。第一种情况是：平台识别到部分单笔订单有异常或存在安全隐患；第二种情况是：每个卖家都有一个放款额度，当放款额度达到上限之后，发货的订单需要在买家保护期结束后进行放款。

（3）针对放款额度已满问题的解决方案：卖家可以使用稳定高效的物流方式，在买家收到货后请买家及时确认收货；当买家确认收货或订单超时后，该订单的额度就释放出来，其他发货后的订单就可以放款。

5.3.5 评价规则：信誉评价与卖家分项评价

与淘宝的评价机制类似，速卖通也有信誉评价。交易双方可以在交易结束后评估对方的信誉，其内容包括5分制打分机制和文字评论两部分。

卖家分项评价指的是订单完成后买家匿名对卖家描述商品的准确性、交流质量及回答速度、商品运送时间合理性3方面做出综合性评价，是买家对卖家做出的单向评价。与信誉评价不同的是，卖家分项评价只是买家对卖家做出评价，而信誉评价则是买卖双方互评。

如果交易正常结束，那么在交易结束后的30天内买卖双方均可对此订单做出评价。而在信誉评价中，买家即评即生效。

如果单笔订单成交金额低于1美元，那么这笔订单的评价则不计入好评率和商品分数。一些赠品类目、定制化商品等特殊商品的评价同样不会计入好评率和商品分数。

除此之外，剩余的商品都会正常计算店铺好评率、店铺/商品评分。其计算标准统一为：四星、五星加1分，三星0分，一星和二星减1分。

好评率=6个月内好评数量÷6个月内所有评价数量×100%

差评率=6个月内差评数量÷6个月内所有评价数量×100%

平均星级=所有评价的星级总分÷评价数量

卖家分项评价中各单项平均评分（四舍五入）=买家对该分项评价总和÷评价次数

在速卖通平台中，买卖双方都能对收到的差评进行回复。此外，速卖通有权对评价内容中的人身攻击言论或不恰当言论做出删除处理。如果买家的信誉评价被删除，那么对应的卖家分项评价也会被删除。

5.3.6　促销规则：达到条件才能参加促销

卖家在速卖通平台的交易情况满足以下条件，才有权申请参加平台组织的促销活动。

1.有交易记录的卖家

（1）好评率≥90%；

（2）店铺DSR（Detail Seller Rating，卖家服务评级系统）商品描述平均分≥4.5；

（3）速卖通平台对特定促销活动设定的其他条件。

好评率、店铺DSR商品描述平均分不是固定值，不同类目、特定活动或受不可抗力事件影响，会适当进行调整。

2.无交易记录的卖家

速卖通平台根据实际活动需求和商品特征制定具体的卖家准入标准。卖家开展促销活动应该遵守国家法律、法规、政策及速卖通规则，不得损害消费者、速卖通及任何第三方正当权益，不得从事任何涉嫌违反相关法律法规的活动。

如果卖家在促销活动中违规，速卖通平台有权根据违规情节，禁止或限制卖家参加平台各类活动。情节严重的，速卖通平台有权对卖家账号进行冻结、关闭或采取其他限制措施。

第 **6** 章

Shopify：致力于成就
每一种跨境可能

Shopify是一家加拿大电商软件开发商，总部位于加拿大首都渥太华。Shopify致力于为跨境电商卖家提供一站式SaaS模式的电商服务，为卖家提供搭建店铺的技术工具和模板，并为卖家提供营销、售卖、收付款、物流仓储等一系列服务。Shopify的服务能够降低跨境电商卖家在店铺经营上投入的成本，助力卖家取得不错的销售成果。目前已经有百万余家企业在Shopify上开设了店铺。2022年1月，Shopify与京东达成战略合作，这对于中国卖家来说是一个非常有利的信号。

Shopify 关键信息分析

作为一个独立站，个人和企业都可以在Shopify上开店，但为了保证买卖双方的使用体验，Shopify也对入驻政策做出了一定的限制。如果想要入驻Shopify，卖家一定要了解入驻的必备条件和开店流程。

6.1.1　入驻Shopify的必备条件

无论是企业卖家还是个人卖家，想要入驻Shopify，就必须有自己的邮箱和信用卡。

需要注意的是，注册Shopify所使用的邮箱不能是QQ邮箱、网易邮箱等国内邮箱，最好使用国外邮箱，如gmail、outlook、hotmail、yahoo等。信用卡要是能够支持美元支付的双币信用卡，如VISA、MASTER等。

企业卖家最好事先将企业的相关资质证明扫描成电子文件，注册时可以直接使用，节省时间。

除此之外，卖家入驻Shopify还要有一个第三方收款账户，如PayPal、Alipay等。

与入驻其他电商平台不同，卖家入驻Shopify还需要自备一个二级域名。卖家可以直接在网站购买或在站外购买，之后进行绑定即可，过程非常简便。

最后，卖家需要确定在Shopify平台销售的商品，入驻成功之后便可上架商品，进行销售。

6.1.2　如何在Shopify开店

在正式注册之前，卖家要准备好邮箱、收款账户、双币信用卡等必备资料。之后，卖家只需要进入Shopify的官网，填写邮箱、密码和店铺名称，点击"创建店铺"，即可完成注册。

需要注意的是，店铺名称不要使用中文，建议使用拼音或英文，因为店铺名称最后会变成店铺的免费二级域名地址。如果想要更好地打造自己的店铺，卖家可以购买一个心仪的域名。

点击"创建店铺"后，Shopify会跳出另一个页面，卖家需要如实填写自己的地址信息。在提交之后，Shopify就会自动跳转到后台，为卖家展示日常任务、店铺最近的活动以及后续的业务流程等功能。

卖家可以使用侧边栏访问Shopify后台的不同功能，如店铺订单、买家信息、销售渠道、账户应用、Shopify商店等。

目前，Shopify为卖家提供了两种具有不同权限的账户类型：账户所有者和员工账户。账户所有者即使用其邮箱和联系信息注册店铺的人，一般是卖家本人。卖家使用这个账号可以更改店铺的定价计划、管理账户的详细信息，如店铺名称、店铺时区、默认货币、店铺密码等。

如果需要由多人共同管理这个店铺，卖家就可以创建多个员工账户。卖家可以设置员工账户权限，使员工在接触不到敏感信息的前提下进入店铺后台进行操作。员工账户数量由 Shopify 定价计划决定，例如，Shopify Lite 套餐包含 1 个员工账户，Basic Shopify 套餐包含 2 个员工账户，Shopify 套餐包含 5 个员工账户。卖家可根据实际情况进行选择。

在 Shopify 上开店，卖家每月需要缴纳 29 ～ 299 美元不等的月费。而为了帮助卖家评估自己究竟是否习惯 Shopify 的运营模式，Shopify 推出了 14 天的免费试用期，卖家可以在这 14 天中免费在 Shopify 上开店经营。如果卖家认为自己可以适应 Shopify 的运营模式，就可以缴纳月费，继续经营店铺；如果卖家觉得自己不适合在 Shopify 上开店，就可以毫无损失地闭店。

除此之外，Shopify 还向大型企业卖家提供个性化定制的 Shopify Plus 方案，帮助企业卖家尽快进入稳定运营状态。

解读 Shopify 的运营规则

本节将从商品详情、订单管理、物流、收付款以及商品禁限售 5 方面解读 Shopify 的运营规则，帮助卖家直观感受 Shopify 的运营模式，避免在运营店铺过程中犯低级错误。

6.2.1　商品详情规则：掌握注意事项

Shopify 的商品名称、标题和详情描述都要用目标市场的主流语言来表达，其写作逻辑要符合当地人的语言习惯。如果卖家第一次在 Shopify 开店，可以参考其他店铺中的爆款商品是如何起名字、写描述的。

一般情况下，商品名称最好不超过 5 个单词，用词不要生硬晦涩，要浅显易懂，而且不要堆砌关键词，否则只会起到反作用。

卖家一定要重视商品的详情描述，它能够促成订单的成交。在写商品描述时，卖家可以利用 Shopify 的自带功能，如加粗、加下划线、调整文字颜色等，突出描述的重点部分。除此之外，卖家还可以上传多张商品图片，吸引买家注意。

Shopify 对图片的规格也有一定限制，图片最大尺寸为 4472px×4472 px（pixel，分辨率单位），或者不超过 2000 万像素，文件不得大于 20MB。每个店铺最多只能添加 250 张图片，所以卖家要注意筛选图片的质量。

除了图片外，商品的规格、型号、材质等信息也要在详情中体现出来，否则，买家看完详情仍对商品的具体情况不了解。

6.2.2　订单管理规则：服从管理

卖家可以在店铺后台侧边栏找到订单选项，点击 "All orders" 即可进入订单界面。在这个界面中，卖家可以看到全部订单的状态。

如果卖家想要具体查看某个订单的状态，可以直接输入订单编号查找。如果想要修改订单，如为订单添加标签或票据，卖家只需要点进要操作的订单，就能够编辑买家信息、修改订单备注和标签。这些功能非常实用，买家可能出于各种原因想要修改收货地址或者有特殊要求，卖家就可以利用这些功能将买家的需求传达给仓库。

卖家通过订单联系买家也很简单，只需要在对应的订单详情页右侧找到买家的信息，点击买家的邮箱，就会打开邮件发送的页面。当买家确认收货完成交易时，订单状态会显示交易完成。

6.2.3 物流规则：运输流程不能出问题

Shopify为卖家提供了Shopify Shipping运输服务。卖家需要严格遵守Shopify的物流规则，否则Shopify有权终止该项服务。Shopify Shipping运输服务主要有以下几种功能。

1.免费送货

想要享受免费送货服务，订单需要满足下列3个条件之一：

（1）收货地址属于特定地区；

（2）商品属于特定种类；

（3）订单总额达到一定额度。

2.收取实时运费

Shopify集成了各大物流运营商并生成运输选项和实时定价，这样买家就可以选择不同的服务和价格，卖家能够从中获得一定的运输折扣。

3.统一费率

当所有货物的重量和大小相似时，Shopify可以为这些货物设定统一的运输费率。

4.提供本地取货/交付

Shopify卖家可以让本地买家选择一个自行提货的地点，Shopify为这些提货地点设置了特定的提货说明和其他细节。

而除了Shopify Shipping外，Shopify的发货方式还有两种：

（1）自行发货。卖家自行联系物流服务商，将商品运送到买家的地址。

（2）发货平台配送。这一方式适用于第三方海外仓发货。

6.2.4　收付款规则：保证交易安全

目前，Shopify的收付款方式可以划分为5大类。

1.Shopify Payments

Shopify Payments是Shopify自己的支付网关解决方案，在每一个店铺中都有设置，无须卖家自行设置Shopify第三方支付网关或商户账户。卖家只需要进入Shopify设置中的"付款提供商"页面，提供雇主识别码（EIN）、银行信息、订单平均价格及平均运送时间等信息，即可激活。除了刷卡费外，卖家还需要支付订阅费。Shopify Payments是欧美市场的主流付款方式之一。

2. PayPal

所有跨境电商卖家对于PayPal都不陌生，它为卖家提供了免费和付费两种选择。在Shopify中，卖家能够使用任何Shopify软件包将PayPal激活。免费的PayPal会收取交易金额的1.9% ～ 3.4%，而付费的PayPal被称为PayPal Payments Pro，具有更稳定的功能，卖家只要拥有PayPal账户，就能通过邮件、传真和电话处理信用卡交易。目前，PayPal已经覆盖全球大多数国家和地区的市场。

3. 2Checkout

2Checkout是另一个Shopify付款网关，它支持任何国家和地区的在线信用卡付款，如VISA卡、万事达卡、美国运通卡等。在很多国家中，2Checkout经常与其他支付网关结合使用。

4. Stripe

Stripe也是一个流行的Shopify付款网关，支持信用卡付款。Stripe集成300多种工具和产品，能够帮助用户自定义个性化付款流程。针对大体量用户，Stripe还有针对性的折扣优惠，可以减免手续费。除此之外，它还支持各类开发语言，如Python、Ruby和Java等。

5.其他方式

除了以上几种主流方式外，Shopify还支持手动付款，如传统的线下转账、ACH（Automatic Clearing House，自动清算中心）等，费率各有不同。此外，还有一些小众的付款方式，例如，托管付款程序包PxPay、欧洲最大的在线支付系统之一Skrill、在南非很流行的PayGate等。

6.2.5 禁限售规则：选择好商品种类

卖方在上架发售商品之前，必须确保自己的商品没有触犯Shopify的商品禁限售规则，否则很可能导致商品被下架、订单被关闭，严重者可能面临闭店甚至被起诉的风险。

目前，Shopify禁售的商品可以归为以下几类。

（1）目标市场中的国家和地区的法律禁售的商品，如违禁药品、杀伤性武器等。有些商品，如烟花，在美国部分州能够合法售卖，但是在实际经营中，卖家最好不要售卖这种会引起争议的商品。

（2）酒精以及含酒精的饮料。

（3）烟草以及烟草相关产品。

（4）游戏以及游戏内的货币、商品等。

除了以上商品外，Shopify对侵权商品、劣质商品也绝不姑息。虽然Shopify没有规定卖家发布的商品一定要有品牌，但如果没有品牌授权就直接发售某品牌的商品，卖家很可能被品牌方投诉导致封店。另外，如果卖家以次充好，导致买家经常投诉商品质量不佳，那么平台会在核实后对卖家做出处罚。

虽然Shopify是独立站，受到的管束相对较少，但卖家也不要抱有侥幸心理，认为即使违反规则也不会受到什么惩罚。实际上，如果违反了禁限售规则，卖家不仅会被封店，还有可能面临法律风险。

案例解析：在Shopify脱颖而出的卖家

本节将为读者介绍3个典型案例，它们都是在Shopify脱颖而出的卖家，其中既有个人卖家，也有企业卖家。通过这些案例，卖家能更清楚地了解Shopify的运营模式，提升自己的运营技巧。

6.3.1　Gymshark如何变身月流水过千万美元的卖家

Gymshark是一个诞生于英国的运动健身品牌，受众大多是年轻的健身爱好者，他们认同Gymshark的社群文化，有着很高的黏性。目前，Gymshark在社交媒体上拥有超过1000万粉丝。作为一个年轻的品牌，其收入在2018年便已达到1.28亿美元。

Gymshark为什么会成为Shopify最成功的卖家之一呢？答案就是保持独特性，保持与买家互动。

提到健身品牌，那就不得不提lululemon。相较于lululemon火爆全球的瑜伽裤，Gymshark的健身服更加日常，不仅可以在健身时穿，还能够在其他公共场合穿。而且Gymshark的定价非常合理，性价比极高，对于热爱健身的年轻人来说，负担没有那么大。除了瑜伽裤、运动内衣等产品外，Gymshark还推出了健身帽衫、健身衬衫等产品，使健身产品更加日常化，这也正是其独特之处。

Gymshark拥有一个年轻的运营团队，团队成员十分重视社交媒体这一营销渠道。例如，在Facebook上，他们投放了大量广告，这些广告大多以"图片+文案"的轮播形式出现，使潜在买家潜移默化地将Gymshark与健身联系起来。在Instagram中，Gymshark选择与一些"网红"健身博主合作，通过健身视频直观地向潜在买家展示自己的产品。除此之外，Gymshark还把自己的博客打造为健身交流论坛，来自各个国家的健身爱好者都可以在这里交流心得。

正是基于与买家的互动，Gymshark培养了一大批品牌忠诚度极高的年轻买家，逐渐成长为Shopify中月流水超过千万美元的成功卖家。

6.3.2　YesWelder用工业品吸引买家关注

YesWelder于2018年在Shopify上线，是一个专注焊机、焊帽等焊接类目产品的DTC（Direct to Consumer，直接面对消费者）品牌。YesWelder最早采用B2B模式，后来转型为B2C模式，希望直接面对个人买家，通过社交媒体营销，助力品牌建设，打造一个消费者认同感和忠诚度极高的品牌。

最初，YesWelder在谷歌投放广告，每个月的流量保持30%～50%的增长，谷歌成为其最大的流量来源。但是谷歌误封了YesWelder的账号，YesWelder本以为这会对产品销量造成很大影响，但之后团队意外地在Shopify后台发现，Facebook和Instagram等社交媒体渠道的营销为其带来了相当多的流量。

焊工是一个职业荣誉感非常强，而且有个性的群体，YesWelder希望能够借助各种社交媒体直接触达这个群体。一旦二者之间产生联系，焊工就会对YesWelder产生相当高的品牌忠诚度，实现口口传播。而目前YesWelder的产品受众主要集中于中老年男性，它更希望能够用社交媒体将工业品的魅力传达给年轻人群体，因此，YesWelder逐渐将营销重心转移到Facebook、Instagram等社交媒体的运营和内容输出上。

特别是Instagram，YesWelder非常重视这一以女性用户为主的社交媒体。起初YesWelder希望通过发布一些"硬核"的焊机产品照片引起用户的关注，但效果并不理想。随后，YesWelder开始发布一些用户在实际生活中使用焊机等工业品的短视频，将"硬核"调性转变为"温情""实用"，视频播放率在短时间内提升了不少，获得了非常多的关注。

6.3.3　凭借Shopify引爆西班牙市场的年轻人

Adrián是一名西班牙年轻人，他与很多年轻人一样，加入了电商创业的大军中。但与一般人不同的是，Adrián成功了。凭借Shopify，他成功引爆西班牙市场。

Adrián成功的原因主要在于他走对了3步：选品、选市场、选物流仓储服务商。

首先，Adrián明白选品的重要性，特别是在Shopify这样的独立站中，选对产品，就成功了一半。他最终选择了服装类目中的一个单品，因为服装类目在独立站中的竞争不太激烈。

服装类目的优点在于需求量大、竞争不是很激烈、货值低、不易损坏，最主要的是溢价空间大。但缺点也很明显，服装款式、颜色、材质等众多导致SKU（Stock Keeping Unit，最小存货单元）很多，一旦扩大规模，个人卖家很难满足消费者多样化的需求。因此，Adrián只瞄准其中一个单品。

其次，Adrián知道全球最大的Shopify独立站市场在美国，但是美国市场竞争十分激烈，像他这样的个人卖家几乎不可能成功，所以他选择了自己最熟悉、相对较为小众的西班牙市场。他的店铺订单80%来自西班牙，20%来自一些西语国家和地区。

最后，Adrián合理解决物流和仓储问题。因为最初选择的服务商不支持他查看买家签收包裹的信息，所以他更换了多家物流服务商，从根源上提升了物流时效和售后服务质量。而随着订单量的增多，他没有选择一个人继续"单打独斗"，而是雇用了5名员工，提高售前服务和售后服务的效率，促使买家的复购率有所提升。由此可见，在Shopify中，经营模式并非固定的，卖家要根据实际情况优化整个业务模式。

Adrián还很重视引流，他和Instagram中的许多"网红"都有过合作，也投放了不少广告，这些都为他带来了不少买家。

第 **7** 章

实用工具讲解：助力
卖家顺利跨境

本章将为读者介绍经营跨境电商业务必不可少的实用工具，包括与海外买家交流使用的智能翻译工具、市场调研常用的工具，以及跨境金融融资工具及方式。跨境电商卖家可以根据自己的实际情况选择合适的实用工具。

智能翻译：AI让异国沟通更顺畅

传统的翻译方式和翻译软件通常基于内置的词汇库运作，翻译出来的语句大多比较生硬，难以契合当下的语境，对于一些国家和地区的俚语也很难做到准确翻译。而如今的智能翻译以AI为驱动，不仅可以"信达雅"地翻译出各种语言，还能够贴合当时的语境，使人们的异国沟通更加顺畅。

7.1.1　智能翻译的3种基础

智能翻译主要有以下3种基础。

1.以规则为基础进行智能翻译

基于规则的智能翻译的资料库由字典和规则库构成，它是伴随着语料库语言学的产生而产生并发展的。大部分机译翻译系统都采用这一基础，通过对原语言拆解，将拆解后的词句在语料库中进行转换，进而翻译为目标语言。

2.以实例为基础进行智能翻译

基于实例的智能翻译的性能非常依赖实例库的质量，机器采用片段化的方式存储翻译实例，并在实例库中存储更多的语法和语义信息，以此提高翻译准确性。但是基于实例的智能翻译将原始语言同时进行分词、词性标注和句法分析的预处理，导致任务间既存错误迭代传递，影响结构化实例的准确性和可靠性。

3.以统计为基础进行智能翻译

基于统计的智能翻译是将原语言的单词、短语全部可能的翻译结果进行汇总，然后在庞大的语料库中搜索，统计每种结果出现的概率，输出概率最高的翻译结果，以此实现翻译目的。这种方法较以规则为基础的翻译方法的效果更好，但对语料库的依赖性较强。

7.1.2　常用智能翻译软件

目前，人们常用的智能翻译软件有如下几个：

1.Google 翻译

Google 翻译是谷歌提供的一款免费的翻译软件。它支持80种语言之间的即时翻译以及任意两种语言之间的词句、段落等翻译。

2.有道词典

有道词典是由网易有道出品的全球首款基于搜索引擎技术的全能免费语

言翻译软件。其不仅能够翻译传统的书面文字，对于互联网上的流行用语也能够准确翻译。同时，有道词典收录了多部权威词典数据，词库大而全，支持中文、英语、日语、韩语、法语、西班牙语、俄语等多种语言互译。

3.百度翻译

百度翻译是百度发布的在线翻译服务，依托于互联网数据资源和自然语言处理技术，致力于帮助用户跨越语言鸿沟，方便快捷地获取信息和服务。

7.1.3　常用智能翻译设备

目前，人们常用的智能翻译设备有如下几种。

1.讯飞翻译机

讯飞翻译机是科大讯飞推出的以AI技术为核心的智能翻译设备，具有多语种翻译、多行业术语翻译、方言翻译等多种功能。

2.百度共享Wi-Fi翻译机

百度共享Wi-Fi翻译机是一款能够提供Wi-Fi的便携式翻译硬件，自带全球超过80个国家的移动数据流量。它不仅能够用来翻译，还能够为手机、电脑等设备提供上网服务。

3.网易翻译蛋

翻译蛋是网易有道推出的支持中文、英语、日语、韩语、俄语、泰语等

27种语言互译的翻译机。椭圆形机身取代了一般数码产品的直角设计，机器重量如一颗普通鸡蛋，具备超长待机功能。

4.搜狗翻译机

搜狗翻译机的外形与普通手机无异，具备手机的基础功能，支持中文在内的24种语言互译，具有触控屏幕，背部有高清摄像头。

市场调研的实用工具讲解

如果跨境电商卖家想要经营好自己的店铺，就要学会利用数据。有了数据的支持，卖家就能有依据地改进产品设计、营销、物流、仓储等环节，实现产品的高速升级迭代，在激烈的市场竞争中始终处于优势地位。而数据的获取离不开市场调研，本节就为卖家介绍几种常见的市场调研工具，帮助卖家高效开展市场调研。

7.2.1 Google trends

Google trends，即谷歌趋势，是谷歌推出的一款数据分析工具，用来分析用户在谷歌搜索中产生的数据。Google trends的作用在于帮助跨境电商卖家衡量品牌的知名度、挖掘新市场以及更好地与目标买家沟通。

在系统默认的情况下，Google trends能够显示一个词在过去5年在全球范围内的相对受欢迎程度，用户也可以自行调整时间和地理位置。这为跨境电商卖家进行海外市场调研提供了便利。

1.衡量品牌知名度

卖家可以在Google trends中输入自己的店铺名称进行查询，也可以输入竞争对手或供应商名称，比较搜索热度。搜索热度越高，排名就越靠前，品牌知名度也就越高。

2.挖掘新市场

Google trends的数据能够显示搜索词随时间推移而产生的热度变化。例如，在搜索框中输入VoIP（Voice over Internet Protocol，网络电话），我们就可以看到这个词在2005—2006年达到了搜索高峰，而那两年的网络电话销量非常好。如果当时的企业经营者能够通过Google trends把握这一趋势，就有可能获得不菲的利润。卖家也可以在Google trends中订阅特定的关键词，以了解关键词热度变化，及时挖掘新市场。

3.更好地与目标买家沟通

Google trends能够帮助卖家根据语境筛选出相应的词义。特别是现在的主流消费群体是Z世代年轻人，他们使用的很多词句都衍生出了其他的意思。而且不同的国家和地区之间，相同的词句和表情会有不同的含义。例如，emoji中的微笑表情被很多中年卖家用来表示友好和面带笑容的服务态度，但很多年轻人会将其理解为冷漠、皮笑肉不笑。Google trends可以帮助卖家选择更多人熟悉的字词、表情含义，更好地与目标买家沟通。

7.2.2　Similar Web

Similar Web是一款网站分析工具，主要功能包括分析网站流量情况、流量来源、用户黏度等。卖家可以使用Similar Web查询关键词热度，以及用户在网站停留的时间、跳出率，网页浏览量等。

Similar Web拥有上千个数据来源，每个月能够收集并分析超过10亿个网页的流量数据，样本覆盖范围极广，能够从各个方面评估数据的质量，分析结果准确性很高。

为了支持大量的数据分析工作，Similar Web的数据中心是由许多高性能的服务器组成的。借助于统计分析和人工智能、深度学习等技术，收集的数据能够转化为对卖家有价值的信息。将多源数据进行智能整合和标准化后，卖家就能够得到反映整个互联网趋势的图表。

这些数据还具有前瞻性，不仅能够反映过去一段时间内的互联网趋势，还能够预测未来一段时间内的互联网热度。跨境电商卖家可以据此调整运营方向，提升店铺运营效率和转化率。

7.2.3　reddit

reddit是海外非常受欢迎的一个社交媒体平台，是很多热门事件的来源地。reddit更像一个论坛，其机制与贴吧类似。它在全球社交网站中名列前茅，每月访问次数可达2亿以上，以美国的用户居多。很多跨境电商卖家利用reddit推广和引流。

reddit中的主题以板块的形式呈现，里面至少有百万个板块，所有用户都可以创建板块。但如果板块质量不高，那么可能会被撤销。

reddit的注册方法很简单，卖家只需要按照提示填写用户名、邮箱、密码等信息就可以成功注册。卖家注册账号之后，就可以创建一个新板块或在原有的板块中发布帖子。一般新用户都会通过站内搜索板块关键词或话题关键词找到自己感兴趣的板块。为了便于查看板块中的帖子，卖家可以订阅感兴趣的板块。

reddit中发布帖子的机制与贴吧类似，卖家可以取一个有吸引力的标题，然后在正文内容中添加有关商品或店铺的文字和图片，最后添加商品或店铺链接，点击发布即可。需要注意的是，如果卖家是reddit的新用户，不要刚注册完就立即发布营销推广帖子，这会被网站或板块管理员认定为低质量引流帖，帖子很有可能被删除，严重的甚至会关闭账号使用权限。

每个板块都有自己的Sidebar（工具栏），其中包括在该板块发帖要遵循的规则，还有新手注意事项。如果不想自己的账号被关"小黑屋"，卖家就一定要通读Sidebar。

reddit中还有一个投票系统，这个系统会直观地反映出其他用户对这个帖子的态度。Upvote为赞同票，Downvote为反对票，而Upvote和Downvote的数量之差即为Karma，也就是用户在reddit上的分数。分数越高，等级越高。在一些管理比较严格的板块中，只有Karma数量达到要求，卖家才可以发帖或评论。

随着在reddit上推广引流的人越来越多，reddit的发帖规则也越来越严格。一些卖家刚注册账号就发广告，这样账号必然被封。因此，要想顺利在reddit上做推广，卖家首先要打造自己的账号，例如，发布一些高质量帖子、多参与话题互动等，体现自己的价值，获得其他用户的信任，再适时地推广产品或为自己的店铺引流。

7.2.4　Google map

Google map是由Google提供的一项电子地图服务，它能够提供全球城市政区、交通以及商业信息的矢量地图，不同分辨率的卫星照片和等高线地形图。简而言之，在Google map中，我们既可以看到某个国家或地区的全貌，也可以精准地查看某个街区的详情。

跨境电商卖家可以通过Google map开发买家，其步骤如下。

首先，卖家要做一张表格，其表头内容包括序号、地点、公司名称、地址、网址、电话等信息。例如，卖家想要找法国阿尔卑斯大区里昂的童装买家，他就可以将Google map拖动到对应位置，或直接输入位置搜索。

其次，卖家要在Google map的搜索框中输入童装或其他关键词，搜索结果就会显示该区域中与童装生意相关的企业。

然后，卖家就可以逐个点击这些搜索结果，将其地址、网址等信息复制粘贴到事先准备好的表格中。如此重复，卖家最终就可以得到该区域内所有与童装生意相关的企业。

最后，卖家就可以将这些企业分门别类地整理好，然后向自己感兴趣的企业发邮件，或者直接打电话询问。

7.2.5 海关数据查询网站

磐聚网是一个海关数据查询网站，同时也是一款智能的数据分析工具。它能够为跨境电商卖家提供包括各类海关数据在内的多种信息。

磐聚网有着先进的人工智能技术和数据可视化技术，卖家可以在上面输入商品名称、商品类别、HS（Harmonized System，海关编码）/HTS（Harmonized Tariff Schedule，统一关税表）编码、邓白氏编码或地区等信息，来搜索自己感兴趣的内容。磐聚网还能为卖家提供与国际贸易密切相关的趋势解析，如果卖家想要长期了解某企业，就可以订阅该企业。当这家企业出现新的货运动态时，磐聚网会第一时间向卖家发送邮件提醒。

磐聚网能将权威的海关数据与商业信息数据整合，卖家能够轻松了解全球范围内的跨境贸易活动趋势、合作伙伴和竞争对手的往来详情，以及100多万家企业的管理者的邮箱地址或手机号码。有了这些庞大的有效数据的支撑，卖家能够决定何时去何处与何人进行贸易往来。

无论卖家想要选择原料供应商还是货物承运人，磐聚网都能够帮助卖家轻松做出正确的选择，帮助卖家更多地了解目标对象的业务，并与之建立联系。

跨境金融融资工具及方式

跨境电商企业通常采取的融资方式有两个：股权融资和债权融资。2022年以来，整个跨境电商领域发生了很大的变化，优胜劣汰的洗牌筛除了很多不具备资本实力和经营能力的企业。对于很多跨境电商企业来说，资金合规要求以及资金流动性问题成为新的挑战。

跨境电商企业没有丰富的抵押物，也没有过多的固定资产用于质押。如果跨境电商企业选择进行债权融资，就要找到合适的融资渠道。如果跨境电商企业选择进行股权融资，就要有强大的商业模式以及经营增长能力。在过去10年间，很多跨境电商企业通过股权融资、IPO融资达到融资的目的，但是能够获得正向现金流并且持续盈利的企业并不多。跨境电商企业想要获得长久发展，就要审视自身的供应链及资金合规性。

7.3.1　跨境金融解决方案，用海外资金解决供应链问题

随着互联网基础设施的完善，以及物流仓储服务的不断升级，跨境电商已经步入了新的发展阶段。

以海外品牌商为例，如今，海外品牌商会利用授权经销体系，通过各大跨境电商平台将商品销往各个国家和地区。例如，美国的品牌商通过授权天猫海外旗舰店，将商品销往中国。而在这一整条供应链上，每个环节都存在库存与账期问题。大型授权经销商的资金实力和抗风险能力较强，而对于中小型厂家和分销商来说，动辄数千万美元的资金冻结非常限制自身的发展。一旦某个环节出现差错，备货占用的资金不能解冻，整个企业就会毁于一旦。

中小型企业可以向银行借贷，但银行的审核及放款周期较长，手续烦琐。而且跨境电商领域内的企业越来越多，供应链条也越来越复杂，中小型企业的加入对第三方供应链金融服务商提出了非常高的要求。

跨境电商供应链包括海外仓直发、保税仓发货、订单时效追踪等多个环节，产品的类型不同，所对应的物流、仓储等环节也各有不同。一般情况下，银行很难核实清楚真实情况，放贷效率自然不高。跨境电商供应链的专业性和复杂性使得风险控制的难度较高，这也导致目前银行在该领域很难有大的动作。

而跨境金融解决方案可以通过海外资金帮助这些企业解决供应链难题，实现供应链全程可视化和可控化。相比银行，第三方金融服务商的海外融资能力强，能够为中小型企业提供低成本的离岸资金，帮助它们拓展业务。同时，它们具有更加专业的复合型团队，有着丰富的供应链和国际贸易金融背景，熟悉多种跨境电商供应链模式，能够为从事跨境电商业务的中小型企业提供物流、信息流、资金流等全套服务，助力供应链上下游发展。

7.3.2　跨境电商的资金合规及跨境财税

随着涌入跨境电商市场的企业越来越多，财税不规范的问题也越来越明显。跨境电商企业中经常出现以下税务相关问题：

（1）收付款不合规；

（2）境内外资金交易不合规；

（3）物流、报关不合规；

（4）员工个税、社保缴纳不合规；

（5）增值税进项发票不合规；

（6）企业账户、个人账户转账混乱；

（7）不了解海外税务和出口退税流程；

（8）部分企业存在偷税漏税情况。

这些不合规的行为一旦被税务部门发现，轻则跨境电商企业需要补税、缴纳滞纳金、罚款，严重的甚至会使相关人员面临牢狱之灾。

而企业的财税合规后，能够大大降低税务风险。跨境电商企业一定要将对公账户和对私账户区分开，否则很有可能面临追缴罚款的处罚。此外，财税合规有利于跨境电商企业享受政府补贴和税收优惠政策，降低运营成本，为未来的并购重组打下坚实基础。

第**8**章

选品策略：如何找到
好卖的商品

如果想要在跨境电商领域有所成就，那么卖家就要从最基础的选品学起。什么样的商品最好卖？依据何种标准选择商品？怎样才能找到好卖的商品？如何避免选品陷阱？这些问题都属于选品策略的范畴。只有提高自己的能力，卖家才能够从全局视角出发，把握机会，在激烈的跨境电商市场竞争中获得优势。

忽视选品就是在给自己留隐患

很多卖家都在开店之初模仿其他卖家选品，什么商品销量高，他就大力购进什么商品。但在一波又一波的购物热情消退后，这些卖家手中积压大量库存，占用大量成本。由此可见，盲目选品会留下隐患。

8.1.1 优先考虑商品的市场有多大

在做选品攻略之前，卖家首先要考虑想要选择的商品的市场有多大。如果某种商品的市场已经饱和，那么即使商品质量再好，也很难全部销售出去。影响商品市场大小的因素主要有以下几点。

1.消费者数量

几乎所有商品都有其固定的消费群体。例如，香水、口红的消费者大多为经济状况较好的女性，虽然也会有男性购买，但最主要的消费群体依然是女性。所以在选品之前，卖家要对商品的消费者数量有一定的预期。覆盖的消费群体人数越多，商品的市场越大，销量越好。

2.购买意愿

很多消费者只是对商品感兴趣，但没有购买意愿，这样的商品是没有市场的。只有消费者的购买意愿强烈且愿意付诸行动，商品的市场才大。卖家要主动了解消费者的购买意愿是否强烈，以及是什么原因导致消费者不愿意做出购买行为或者在购买时犹豫。卖家可以通过给消费者发放售后调查问卷来完成这项调查。

3.购买力

商品价格是影响消费者购买力的一个重要因素。如果商品定价过高，消费者的购买力就会下降。例如，某卖家出售一款语音机器人，共有两个型号，其中A型号的内芯比B型号的更为先进，但两款产品的功能相差无几，B型号则比A型号便宜30美元。对于普通消费者来说，明显B型号更符合他们的购买力。让更多消费者能负担得起的商品，才能拥有更加广阔的市场。

8.1.2　分析价格与成本之间的差额

商品价格与成本之间的差额实际上就是商品的利润空间。差额越大，利润空间越大；差额越小，利润空间越小。卖家要判断一件商品是否有足够的利润空间，要从以下两方面入手。

1.在价格一定的情况下

商品的利润空间大小取决于商品价格与成本之间的差额大小。在价格一定的情况下，如果商品的成本低，那么利润空间就大；反之，利润空间就小。

2.在成本一定的条件下

由于商品的利润空间受商品价格与成本的影响，因此，在商品成本一定的情况下，商品价格高，利润空间就大。

综上所述，商品的利润空间受价格与成本两方面的制约。为了确保能够在市场竞争中获得最大利润，卖家必须平衡好商品成本与价格之间的关系。

8.1.3 从5大维度衡量商品的资源优势

商品的资源优势指的是在一定时期内，卖家所出售的商品具备的优势属性。例如，在其他条件相差无几的情况下，大品牌的商品往往比不知名品牌的商品卖得更好，这就是商品的品牌资源优势。随着经济的不断发展，买家需求的多样性导致商品竞争不断加剧，而那些具有更多资源优势的商品往往能脱颖而出。商品的资源优势一般有以下几种。

1.财务资源

财务资源既包括平时能够以会计方式记录在账以及能以货币计量的经济资源，又包括各种债权。在一定程度上，财务资源还包括企业获取和驾驭这些资源要素的能力和水平。在企业所有的财务资源中，最主要的资源是资金。资金是企业开展业务的经济基础，也是其他资源形成和发展的基础条件。

2.品牌资源

品牌资源由一系列表明企业或企业产品身份的无形因素组成，可以影响和改变消费者的品牌认知与品牌态度，对于维系企业顾客的忠诚度、开辟新市场、推广新产品等具有重要意义。

3.市场资源

市场资源是指那些不为企业拥有或控制的，但是在市场中存在，因为企业具有强大的竞争实力、独特的经营策略和广泛的关系网络而可以为企业所用的资源，主要包括关系资源、杠杆资源、社会资源等。

4.技术资源

创新和发展对一个企业十分重要，而创新和发展离不开技术支持。跨境电商企业需要的技术主要包括两个方面：其一是与解决实际问题有关的软件方面的知识；其二是为解决这些实际问题而使用的设备、工具等硬件。

5.原料资源

很多卖家会忽视原料资源的优势，实际上，有时候原料资源是否有优势甚至能决定一款商品甚至一家企业的成败。例如，曾有一家知名辣酱企业为了降低辣酱的生产成本，将原本的辣椒换成了价格更低的辣椒，结果市场反响普遍不好。等到这家企业试图挽救口碑，将原本的辣椒换回来时，它原有的市场份额已经被其他竞品瓜分掉，这家企业元气大伤，逐渐被市场淘汰。由此可见，卖家一定要重视商品的生产源头。

8.1.4　根据消费者的兴趣选品

兴趣营销是营销学领域的一种理论，它是指在营销过程中，卖家要关注买家的精神与物质需求，从而找到买家的真正兴趣所在。一般情况下，卖家要在营销价值链中打造传播点，如商品名称、包装、价格、广告语等，创造能够引发买家兴趣的谈资，最终促成买家的购买行为。这一过程可以分为吸引买家注意力和促成交易两部分，前者是吸引买家，使其浏览商品详情，产生购买欲望，后者是通过种种手段促成交易。

1.寻找消费者的兴趣点

在传统销售模式下，消费者通常会到店消费。在消费过程中，消费者会自主选择自己想要的商品，卖家通过消费者的选择就可以判断出消费者的消费需求。但是，随着社会生活节奏的加快以及电子商务的快速发展，到实体店消费的消费者数量大大减少，很多人选择网上购物。这样一来，卖家就不能通过观察消费者的选择来判断消费者的需求，因而不能及时提供相应的服务，这就会导致卖家利润流失。

同样的，在从事跨境电商业务时，卖家无法及时感知消费者的需求，无法及时对产品及销售策略做出调整。在这种情况下，卖家要想办法及时与消费者取得联系，了解他们的消费诉求，进而对待售商品及时做出调整。

2.卖家要熟悉自己的商品

在商品销售过程中，最忌卖家对自己的商品不熟悉。当买家对一件商品提出问题时，卖家若不能及时做出回应，就会导致买家产生不满情绪或者觉得卖家不够专业。卖家要全方位了解商品的信息，积极主动地为消费者释疑，从而促进消费者对商品的了解，激发消费者的购买欲望。

卖家在选品时要充分了解买家的兴趣，为买家提供能够满足其需求、吸引其注意的商品。同时，卖家也要充分了解自己的商品，努力在商品销售过程中服务好买家。

5种选品方法，总有一种适合你

电商之所以能够发展得如此迅速，一方面，得益于互联网的快速发展；另一方面，它为买家提供了种类繁多的商品，能够最大限度地满足买家的需求。而卖家要想让自己的商品从众多商品中脱颖而出，就要运用一些有效的选品方法。

8.2.1 浏览销售平台，找到搜索热词

各种销售平台的搜索热词具有很强的即时性，能够在很大程度上反映当

前最受买家欢迎的商品具有哪些特点。例如，在冬季，当买家想购买打底衫时，最常用的搜索词有保暖、牛奶丝、德绒、手感好等。如果能够锁定当前时间段的搜索热词，卖家就能够及时把握当前买家的消费意愿，从而更加具体地选出自己所要售卖的商品。

8.2.2　关注国内外消费者的消费态度

跨境电商卖家必须时刻关注国内外买家的消费态度，这样才能够及时调整自己要售卖的商品类型和价格。例如，在北京冬奥会期间，冰墩墩和雪容融在外国运动员和大众之间掀起了一股热潮。受此影响，熊猫、红灯笼、冬奥会等相关周边商品吸引了众多买家的兴趣，而注意到这一点的很多卖家都将自己店铺的主推商品换成了相关内容，有效吸引了买家的目光，为店铺带来了不少流量。

8.2.3　把握社交媒体的热点，提炼消费需求

大众了解时事热点的途径一般是各种社交媒体，所以卖家可以通过关注社交媒体发布的热点提炼出买家的消费需求。而提炼消费需求除了能够提升商品销售额外，还能够提升店铺在平台上的影响力。因为卖家的关注点与买家的关注点一致，能够引起二者之间的共鸣，这无疑是提升店铺影响力和口碑的最佳方法。但卖家要注意区分哪些热点是可以追随的，哪些热点是需要避而远之的。

8.2.4 从热门商品/店铺那里汲取选品灵感

有些商品能够常年占据热销商品的前排位置，如果卖家找不到合适的商品，可以通过分析热销商品的特点来确定自己应该销售哪些商品。此外，一些热门店铺能够最快感知买家的需求变化，刚刚起步或没有能力及时捕捉买家需求变化的卖家可以分析热门店铺的选品特点及优势，从中汲取选品灵感。

那么，卖家如何从热门商品/店铺中汲取选品灵感呢？

1.订阅关于市场趋势的内容

订阅、浏览有关市场趋势的内容有助于卖家更好地了解消费需求、市场趋势等行业大背景，明确选品方向。当某款商品因为热播综艺、热播电视剧销量逐渐上涨时，这款商品就很可能成为热门商品。

2.关注产品测评类内容

产品测评类内容会对一些新上市的产品或同类型的不同品牌的产品进行测评，对于不知该如何选品的卖家而言，这些内容可以为自己提供选品方向。当大量的测评视频测评同一类产品时，这类产品很可能就是或即将是热门商品。

3.通过电商平台进行搜索

不同产品的销售趋势能够反映市场情况及消费需求，热销的产品可以为卖家选品提供参考。卖家可以在跨境电商平台上分析不同产品的销售趋势，寻找热门商品。

跟品需要谨慎，因为这是一件充满风险的事，部分卖家在找到热门商品后，不对其进行市场分析便立即跟进，这样往往会导致亏损。

在跟进热门商品时，卖家可能会遇到两个问题：其一，热点信息是真的，但在跟品时，消费者的消费需求已经饱和，导致产品难以销售出去；其二，一旦某个品类出现热门商品，就会有大量的竞争对手跟进，除非卖家的产品在质量上具有绝对的优势，否则激烈的市场竞争会导致产品难以销售出去。

8.2.5　根据目标市场建立产品线

跨境电商产品线具有诸多优势，如能够解决卖家的选品问题、锁定目标买家、降低销售成本、增强市场竞争力、争取利润最大化等。因此，跨境电商卖家要根据目标市场打造一条良性的产品线。

那么跨境电商卖家如何打造跨境电商产品线呢？

首先，卖家开店的最终目的是盈利。因此，在选择新产品时，卖家必须考虑产品能带来的利润高低。只有能为卖家带来高利润的产品，才值得卖家为其打造产品线。

其次，卖家要明确目标买家，把握目标买家的消费特点，了解他们喜欢的品牌，分析这些品牌的市场占比等信息。在此基础上，卖家要合理布局产品结构，将季节性产品与主打产品区分开来，确定各部分产品的合理占比。一般而言，主打产品占20%，引流产品也应占20%，其他为常态产品。

最后，跨境电商卖家要根据产品的销售情况，不断优化和更新产品线，最后形成自己的完整的跨境电商产品线。在此过程中，卖家要不断优化产品布局，选择优秀的供应商，逐渐提高自己对供应链的掌控能力。

能力进阶：瞄准高盈利商品

很多卖家都认为，薄利多销的商品才会获得成功，实际上并非如此。相比高盈利商品，低盈利商品要卖出几倍甚至十几倍的数量，二者的利润额才可以持平。而在这个过程中，卖家所花费的时间、精力，以及仓储、物流等成本都会远超预算，挤压利润空间。所以，卖家要多瞄准高盈利商品，这样才会更快成功。

8.3.1　商品与众不同，体现差异化

随着涌入跨境电商行业的人越来越多，市场竞争也越发激烈。卖家要想突出重围，就必须有自己主推的差异化商品。只有商品能够满足市场需求，具有个性化特征，才可以从众多竞品中脱颖而出。如果只是随大流地生产、销售同质化严重的商品，那么卖家迟早会在竞争中败下阵来。

想让商品体现出差异化，商品设计十分重要。卖家要让设计部门定期给出一些产品设计方案，尤其要注重从细节入手优化消费体验，然后根据市场需求整合设计方案，再将设计方案进行大规模投产。想要使商品与众不同，设计很重要，营销再好、服务再好都需要好的设计作为根基。只有注重设

计，体现出差异化，卖家的商品才能在日趋同质化的商品中脱颖而出，保持竞争力。

8.3.2 考虑商品的物流成本

在经营店铺的过程中，卖家不仅要考虑看得见的成本，还要考虑看不见的成本。在跨境电商中，物流成本占据着非常重要的位置。要想经营好跨境电商业务，卖家就要做好物流成本预算，选择合适的物流运输方式。以下是3种常见的国际物流运输方式。

（1）国际快递。国际快递主要是指UPS、Fedex、DHL、TNT这4大巨头，其中UPS和Fedex的总部在美国，DHL的总部在比利时，TNT的总部在荷兰。国际快递对委托方的信息提供、收集与管理有很高的要求，以全球自建网络和国际化信息系统为支撑。

国际快递的优点是速度快、服务好、丢包率低，并且国际快递在欧美发达国家建立了非常庞大的物流网络，发往海外非常方便。而其缺点是价格普遍偏高，一般跨境电商企业只有在买家有强烈时效性要求时才会使用国际快递。

（2）邮政小包。中国跨境电商出口业务70%的包裹都是通过邮政系统运输的。中国香港邮政、新加坡邮政等也是中国跨境电商卖家常用的物流运输方式。

邮政小包的优点是邮政网络基本覆盖全球各个国家和地区，这是其他任何物流平台都无法达到的。并且邮政价格比较便宜，性价比很高。缺点是速度较慢，时效较低，在包裹尺寸方面有着严格要求。

（3）专线物流。专线物流一般通过航空包舱、海运散装拼柜或是整柜的形式，运输途中不经过中转站，直航到达目的港，没有中间浪费的中转时间，再由境外合作商进行二次派送，是比较受欢迎的物流运输方式。

专线物流的优点是批量将货物发往目的地，通过规模集聚效应降低了物流成本，价格比商业快递低，速度比邮政小包快，丢包率也比较低。但缺点是有一定的起运标准，并且需要提前规划好备货周期。

8.3.3　商品易操作，拒绝售后风险

卖家在选品时要注意选择操作简单、说明书便于理解的商品，避免买家因为读不懂说明书或地区文化差异而误认为商品有问题。如果因为信息不对称而导致买家退货或发起售后诉讼，就会造成人力、物力的浪费，这对于卖家来说得不偿失。

例如，欧洲有些国家的插头标准与中国的不同，所以卖家在向这些欧洲国家销售电子产品时要注意这一点。在上架商品前，卖家要考虑周到，最好是上架全球通用的商品，或者是操作简单、使用方便的商品，便于简化后续的售后服务。

8.3.4　避开版权陷阱，切勿盲目跟风

版权问题是跨境电商领域的侵权重灾区。很多卖家在刚开始接触跨境电商时，由于对自身的定位不明，只能依靠模仿其他卖家开展业务。这种盲目

随大流的做法很容易导致新手卖家掉入版权陷阱中。

如果跨境电商卖家不注意版权问题，在选品时盲目跟风，就容易引发版权风险，影响自身的声誉和后续发展。随着国家法律法规的不断完善和人们版权保护意识的提高，版权问题更加值得跨境电商卖家注意。

第章

海外仓储：在海外设立物流节点

如果跨境电商卖家的主要市场在海外，那么在海外设立物流节点，从当地发货，更容易博得当地买家的好感。因为人们往往更信任熟悉的事物。而且在价格相差无几的情况下，从海外仓当地发货的速度更快，交易完成的效率也更高。

为什么卖家愿意选择海外仓储

对于海外的买家来说，海外仓储能够有效保证运输的时效。例如，在节假日等购物旺季，各个电商平台的大量订单会使仓储物流承受极大的压力，丢包、漏件、错件等现象出现的概率也比平日高很多。加之在节假日期间，各国海关的抽查会比平时更加严格，商品的在途时间会延长。而海外仓是当地发货，能够有效降低跨境物流风险，提高买家满意度。

9.1.1 退换货方便，保证物流时效性

海外仓发货的物流成本要远低于从中国境内发货，退换货也更加高效便捷，能够有效解决跨国退换货延误时间久、程序烦琐等问题。

海外仓发货能够节省报关清关的时间，提高物流运输的效率。买家在几天内就能收到包裹，物流速度明显提高，买家对卖家的满意度也会随之提高。而且送达时间足够短，能够减少买家在包裹运输途中反悔退货的现象，

提高了订单的实际成交率。

9.1.2 节省跨境运输费用，避免浪费

在长途运输过程中，不可避免地会出现货物破损、短装、发错货物等情况，买家可能会要求退货、换货或重发。

如果是跨境收发包裹，包裹运输途中的物流时间、物流费用、装包寄件等人力、物力都不可避免地被浪费掉。特别是跨境物流中的头程，物流成本不容小觑。如果由海外仓直接发货，就能节省很大一部分跨境运输费用，避免人力、物力浪费，还能提高商品在运输途中的完整性，提高买家的满意度。

9.2

实现海外仓储的3种方式

本节将介绍实现海外仓储的3种方式，分别是与第三方海外仓合作、选择代发货服务以及自己建立专门的海外仓。

9.2.1 与第三方海外仓合作

第三方海外仓是由境外企业单独设立，或者境外企业与跨境电商卖家合

作在海外设立的仓库。如果是境外企业单独设立的海外仓，卖家需要支付一定的仓储费用和物流费用。如果是以合作形式建立的仓库，卖家只需要支付物流费用。

从现在的形势来看，出口对于海外仓的需求越来越大，所以跨境电商卖家采用第三方海外仓是顺势而为，能给自身带来诸多便利。这种合作模式能够降低成本，即"节流"，同时还能增收，即"开源"。

这种模式可以打破长途运输对于商品体积、质量的限制，扩大商品的品类。一般这种模式下商品的平均售价要高于直邮等模式下商品的售价，可以提高商品的利润。仓储和运输体系比较稳健，时间周期短，能有效提高销量。这些优势集中起来就会提升买家体验，增加好评，形成正面效应。

当然，凡事不可能百利而无一害，这种模式也存在一些弊端。

（1）面对市场的高需求，第三方海外仓近年来如雨后春笋般涌出，不仅电商企业、物流公司进入这一赛道，甚至IT行业中的一些企业也加入进来，这导致卖家做选择时更加困难。

（2）海外仓毕竟处在初建阶段，许多海外仓的质量很一般，没有形成良好的供应体系，信息缺失、少货、寄错的现象频频出现。这不仅影响买家的购物体验，还对卖家自身和海外仓的进一步发展产生负面影响。

（3）在第三方海外仓库存方面，卖家往往很难进行准确预判，有时库存堆积，货物滞销；有时库存不够，供不应求。

总之，海外仓是跨境电商发展的重要一环，与第三方海外仓合作这一模式又是这一环中的重要节点。跨境电商卖家和境外企业所要做的，就是尽量把优势放大，把弊端缩小。

9.2.2 选择跨境平台代发货服务

为了更好地支持业务发展，亚马逊于2007年将FBA这一物流服务系统引入平台。卖家可以将自己的商品直接在FBA提供的仓库中进行储存。只要有买家下单，亚马逊就会自动帮助卖家完成后续的拣货、包装等工作，卖家只需要支付一定的服务费用即可。FBA的物流模式的特点如下所示。

（1）能够保证时效性。卖家入驻其他平台，打包发货都需要自己或第三方物流公司完成，这样从买家下单到发货，中间需要经由平台转向卖家，再由卖家转向自营物流或第三方合作物流，相较于FBA，中间多了两个环节。而通过FBA，下单和发货只在买家和平台之间进行。同时亚马逊在多地建有货仓，就近发货，这样能够有效节约时间，保证物流的时效性。

（2）跨境平台代发货能够提高产品的曝光率，增加销量。卖家使用FBA物流，商品的关键词搜索比重会提高，排名会更加靠前。同时，商品下面还会出现Prime标识，而买家只要每个月缴纳几十美元的费用，就能成为Prime会员，享受亚马逊提供的包邮服务。这就意味着，这些会员会成为使用FBA物流的卖家的潜在客户，所以自然而然地卖家商品的曝光率和销量会得到提升。

（3）买家体验能够得到很大提升。买家在使用FBA物流的店铺消费，物流时效可以得到保证，买到的商品不用花费太长时间等待，相信这是每一个买家都渴望的。另外，在跨境网购时，大多数买家都关心物流费用，而在使用FBA物流的店铺中消费，只要买家是会员，就可以享受包邮服务。此外，各个环节的服务、Prime标识所带来的信任感等，都会提升买家的购物体验，有助于买家的留存。

9.2.3 自己建立一个海外仓

很多跨境电商卖家不理解，明明可以选择第三方仓库或平台代发货服务，为什么还要花费高昂的成本自建海外仓呢？自建海外仓究竟有何优势？

相关调查数据显示，70％的卖家选择只通过海外仓发货，20％的卖家选择一半直发一半海外仓发货。这可以体现出海外仓在跨境物流中的重要地位。卖家使用第三方海外仓时，在发货过程中，往往会因为一个标签存在问题导致商品关联出现错误。虽然FBA能够提供个性化的服务，但它也存在一定风险。既然第三方海外仓和FBA都不能让卖家完全放心，那么卖家就不得不自建海外仓了。

但是对于中小型跨境电商企业而言，自建海外仓不是一个好的选择，因为建仓以及后续运营、管理的费用过于高昂。不过对于大型跨境电商企业而言，这是一个极佳的选择。因为和第三方海外仓合作就面临着配合和妥协，对于有着自己节奏和意愿的大型企业来说，这不利于自己的发展。

因此，大型跨境电商企业会依托自身在财力、物力和人力上的优势，在海外自己建仓，把仓储、配送、清关等一系列环节都掌握在自己手中。这不仅增加了跨境物流的灵活度，还能使企业更容易根据市场的变化调整商品供应，从而提供个性化的服务。尽管自建海外仓需要在前期投入较多，但后期回报很丰厚。

成本分析：海外仓储要花哪些钱

海外仓储的费用不仅包括商品在储存期间产生的费用，还包括将商品运输至海外仓目的国的费用、通关税费、海外当地派送费用。卖家可以通过对比各个物流企业的海外仓储费用做出合理选择。

9.3.1　将商品运输至海外仓目的国的费用

中国的电商企业通过空运、海运、陆运等方式将商品从国内运送到海外仓库，途中产生的费用就是头程运输费用。

例如，目的国是美国，我国电商企业将货物发送到美国仓库的过程中所产生的国际货运费用可能来自空运、海运散货、海运整柜、当地拖车等方面。

9.3.2　商品通过当地海关的关税费用

因为头程运输费用中一般包括过境关税，所以这里的关税主要指进口关税。关税会提高商品的成本价，进而提高商品的售价，这会反向影响商品的进口数量。关税是限制进口商品、保护本地商品销售市场的一种手段。

当商品通过当地海关时，海关会根据当地法律要求对进口商品加征关税。一般海关都会秉持着实报实销的原则，报关期间产生的费用由电商企业承担。

9.3.3　商品的尾程派送费用

尾程派送费用指的是将商品派送给最终买家的过程中产生的费用，主要包括支付给快递站、快递柜以及快递员的费用。

派送是整体物流服务的最后一个环节，具体流程包括：进行货物交接，选择派送的路途，核实买家身份，提醒买家签收等。派送服务能够保证商品快速、准确、无误地到达买家手中，同时也能帮助快递公司收集、反馈服务信息，是与买家建立和维护良好关系的一个重要机会。一般负责尾程派送的公司有Fedex、DHL、UPS、当地邮政等。

9.3.4　享受海外仓储服务的费用

仓储服务费用一般包括易耗品摊销、仓库修理及租赁费用、员工工资、照明费用、保险费用等。费用标准一般分为淡季和旺季，这是市场调节的结果。淡旺季的价格不同，普遍来说下半年的仓储费用更高些。不同企业的仓储收费方式不同，有的企业按体积算，有的企业按重量算，有的企业是综合体积和重量计算。

9.4

选择海外仓储，必须了解相关规则

无论是企业卖家还是个人卖家，都必须了解选择海外仓储的相关规则，这可以降低店铺经营过程中可能出现的风险。

9.4.1 哪些商品适合使用海外仓

商品在海外仓储存能够降低物流运输成本，提高交易效率。那么哪些商品适合使用海外仓呢？答案如下所示。

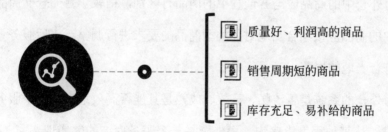

适合使用海外仓的商品

1.质量好、利润高的商品

不会因运输时间长、多次长途周转而有所损耗的商品，附加值高、利润高、价格高的商品都适合使用海外仓。因为如果没有丰厚的利润，那么商品在海外销售就毫无意义。

2.销售周期短的商品

商品的销售周期短，库存周转才快，才不容易发生积压滞销的情况，有利于卖家回笼资金。同时，卖家也要考虑到不同地域、不同时节的销量好的商品是不一样的，所以卖家要实时关注市场动态，制定灵活的销售策略。

3.库存充足、易补给的商品

在使用海外仓之前，卖家应该先进行市场动态分析、库存分析和货源分析。除了把控好商品的质量外，也要保证商品的货源充足、补给稳定。

9.4.2　服务要与海外仓目的国的习惯相符

海外仓中的商品应与普通仓中的商品有区别，相较于普通仓储商品，海外仓中的商品应该结合当地对同类型商品的要求进行调整。售后服务等流程也要符合当地的规范。

海外仓的系统是否流畅、高效、成熟是其能否高效地完成整个服务流程的关键。从某种程度上来说，海外仓是一个服务商，能够实现买家、商品、海外仓、物流公司之间的信息对接。

例如，很多海外仓系统支持物流公司为买家提供一件代发和包装、退换标、拍照等服务，就是希望通过这种无微不至的服务，使买家感受到自己被重视。很多平台会在海外选择当地的物流运输企业，使最后一程的派送服务能够更符合买家的需求。

9.4.3 海外仓储享受的政策扶持

使用海外仓的跨境电商卖家能为买家提供更加完善的物流服务和售后服务，进而提升店铺的评分。例如，速卖通推出了扶持政策，大力扶持需要海外仓服务的跨境电商卖家。

速卖通表示，想要使用海外仓的卖家，可以根据海外仓所在地填写商品的基本信息。商品在店铺上架后，买家可以通过搜索页、商品详情页、搜索筛选项等页面了解商品信息。同时，这些商品还将入驻海外仓栏目，享受独家的推广资源，并且可以参加各个国家站点举办的海外仓专场活动。

除此之外，入选的卖家还可以享受专属的免费推广资源，参加速卖通无线端的专场热卖活动，并针对目标国家的买家进行专门的推广。

亚马逊、eBay、Wish等跨境电商平台都对在目标国设有海外仓的电商企业进行了扶持，并提供不同的奖励资源。

9.4.4 关注海外仓储的税务问题

如果跨境电商卖家需要在国外设立海外仓，那么设立时就必须在所在国家进行增值税登记。

以英国市场为例，货物进入英国，需要缴纳进口税；货物销售后，卖家可以退回进口增值税，按销售额缴纳相应的销售税。

英国的增值税一般有3种税率：第一种是针对大部分商品和服务征收的20%的标准税率，第二种是针对家庭用电和暖气征收的5%的低税率，第三种是针对诸如生活必需品、儿童服饰和未经加工食品征收的0%的税率。卖家实际缴纳的增值税为销售增值税减去进口增值税之后的数额。

商品销售时，其实际地理位置在英国，且商品并非由英国买家进口，那么商品就应缴纳增值税。符合条件的征收对象需要先注册一个增值税账号，而后才能缴纳增值税。增值税号码是唯一的，征收对象所使用的海外仓储服务公司不能代缴，同时也不能使用提供海外仓储服务的公司或者其他个人提供的增值税号码作为自身的增值税账号。征收对象在获得增值税号后，根据提供的申报期按时申报即可。

9.4.5 如何处理海外仓储的库存

并不是所有跨境电商卖家的商品都可以卖完，很多时候，海外仓中积压很多滞销商品，这些滞销商品会消耗更多仓储费用。跨境电商卖家可以通过以下4种方法来处理海外仓中的滞销商品。

1.商品折扣

商品折扣就是通过让利将滞销的商品销售出去。大多数跨境电商平台都会为跨境电商卖家提供相应的促销活动，如秒杀活动。符合平台条件的卖家可以将仓库库存报给电商平台参加促销活动，用低价吸引买家，促进商品销售，减少库存滞销商品数量。电商卖家还可以使用捆绑销售、满减优惠等方式吸引买家购买滞销商品，以减轻自己的海外仓库存压力。

2.海外分销

跨境电商卖家可以在多个平台上分销商品。使用多个平台销售商品可以有效地提高商品的销量，减轻海外仓库存压力。跨境电商卖家还可以通过委托第三方卖家的方式分销仓库中的滞销商品，以拓宽销售路径。

3.销毁

海外仓的管理费用较高，如果卖家短时间内无法找到更好的清理库存的方法，或者商品二次销售的利润十分微薄，不足以覆盖成本，卖家就可以将滞销商品销毁。这是一种较为常用的、很有效的处理库存的办法。临近保质期的商品或者低价值的商品二次销售的综合成本可能高于商品本身的价值，所以将这些商品销毁是最佳的选择。

4.转让

很多卖家不想在滞销商品上耗费太多时间和精力，所以没有选择商品折扣和海外分销的方式处理库存，而是选择转让的方式将商品快速处理掉。一般卖家是在当地以低价直接将商品转让给第三方，第三方接手后自行处理。

库存管理：合理布局仓库与商品

做好库存管理有助于提高整体发货效率。当跨境电商企业发展到一定规模时，由于业务增多，库存管理问题会愈发凸显。例如，在商品入库阶段，很容易因商品种类繁多而出现错包、换包的问题，最终可能导致买珠宝的买家收到了裙子、买裙子的买家收到了帽子。想要避免这种情况发生，企业一定要重视库存管理，合理布局仓库与商品。

9.5.1　如何合理地安排仓库空间

很多人理解的库存管理就是将商品按照大小或种类整整齐齐地堆放在仓库，以最大化利用仓库空间。实际上，仓库空间最大化利用并非进行库存管理的真正目的。卖家要综合考虑库存成本和发货便利程度，合理地安排仓库空间，不能只一味追求仓库容纳的货物最多。

1.为仓库划分区段并编号

为仓库划分区段并编号是最简单的仓库空间管理方法，即将仓库划分为几个区段，再将区段进行编号，如1-1、1-2、1-3等，每个编号代表着一个特定的存储区域。如果仓库没有货架、库位简单，那么这一方法十分实用。

2.整合强相关性商品，组建品项群

组建品项群是指按照商品的相关性将所有商品分成几类，然后再给各个类别编号。例如，帽子和手套可以组建服饰品项群，手链和耳钉可以组建首饰品项群。这种方式适用于所售商品种类跨度较大的卖家。

3.用数字表示商品的位置

用数字表示商品的位置这一方法适用于有大货架的仓库。一般情况下，卖家会使用4组数字来表示商品在仓库的位置，这4组数字分别代表仓库编号、货架编号、货架层数编号和每一格的编号。例如4-5-6-7，代表商品在4号库房，第5个货架，第6层中的第7格。

区段式编号、组建品项群、按位置编号是3种常用的仓库管理方法。各种方法之间并不是相互独立的，卖家可以根据实际仓储情况结合使用多种方法。

9.5.2　为商品编写相应的信息

为商品编写相应的信息能够规范商品库存管理。具体来说，卖家应在商品上标明商品的SKU信息、商品规格信息以及中英文报关信息。

1.每个商品都应该有SKU信息

SKU指的是商品的销售属性集合。在进行库存管理时，卖家为商品编写SKU信息能够显著提高整体发货效率。

SKU作为最小库存单位，其基本的属性是不可重复性。从理论上来说，跨境电商卖家可以在不重复的情况下随意地编写商品的SKU信息。但从实际操作层面来看，为了方便进行库存管理，跨境电商卖家最好根据商品的分类属性按照由大到小的组合方式进行编写，如下所示：

AAAA	BBBB	CCCC	DDDD	EEEE	FFFF
（大分类	中分类	小分类	品名	规格	样式）

在跨境电商的实际操作过程中，SKU不仅是最小的库存单位，还能帮助卖家识别具体的商品信息，更快地定位商品位置。

上面的内容只是一个编写SKU信息的小示例，在实际操作中，跨境电商卖家可以根据自己商品的特点以及管理的需要组合不同的商品分类属性。不管组合哪些属性编写信息，其中的顺序和所包含属性类别一定要一致，以免引起认知混乱。

在实际操作时，会出现重复发布或者重复上架某款商品的情况，并且可能会出现同款商品多SKU发布的情况。对此，跨境电商卖家可以通过系统平台给原始SKU统一添加前缀或后缀，对商品加以区分。

例如，商品的原始SKU为123，重复发布时卖家可以在相对应的平台上设置A-123、B-123、C-123或123-A、123-B、123-C，然后在订单管理系统中设置相对应的前缀分隔符或后缀分隔符。设置完成后，系统会自动从平台抓取带有相应前缀分隔符或后缀分隔符的SKU，之后会自动根据设定的规则忽略相应的前缀或后缀，进而实现高效的库存管理。

2.明确商品规格，防止提货出错

SKU中最重要的信息数据是商品的价格和尺寸。正确的商品价格和尺寸有助于提高拣货的正确率，从而提高商品的整体发货效率。

因为通过商品的价格和尺寸等信息，可以实现商品的二次检验，以免提货出错，给跨境电商卖家和买家造成不必要的损失。并且明确好商品的尺寸可以减少由于尺寸问题造成相邻货物间存在较大间隙问题的出现，以便严丝合缝地按照尺寸将装箱商品码列整齐，减少不必要的库存仓储空间浪费。

3.商品的报关信息不可忽视

商品报关信息一般可以使用中文填写商品名称和商品规格，但卖家应该确保商品的名称和规格等信息的中英文能够对应，而且要确保与合同、发票等相关票据上的信息一致。

海关对于报关单中商品名称、规格型号的填报要求中有一项是这样规定的："商品名称及规格型号栏分两行填报。第一行填报进出口货物规范的中文名称。但是如果发票中的商品名称为非中文名称，那么则需要翻译成规范的中文名称填报，并且在必要时要加注源语言的原文信息，并在第二行中填报规格型号。"

9.5.3　做好库存管理的4个步骤

下面将为跨境电商卖家介绍做好库存管理的4个步骤。卖家可以以这4个步骤为基础，根据自己的实际需求，打造出更适合自己的库存管理方案。

1.将订单导入库存管理系统

卖家在电子商务平台中获取订单后，可以通过平台的官方API接口把订单导入自己的库存管理系统中。这样卖家就能够清晰地看到订单中的各种要求和备注，从而进行后续工作。

2.根据物流规则分配订单

一般情况下，店铺会接入市场中主流的国际物流渠道。根据买家的需求以及相关的物流规则，所有订单会自动被分配给不同的仓库、物流商，以完成配货、运输等后续环节。在这个过程中，卖家可以获取相应的面单和物流单号。

3.生成并打印面单

订单会根据规则自动获取商品的物流信息，并将其生成面单，其他信息也会随之一同生成并打印。而那些简单的包裹，例如，一个订单里只有一件商品，就可以直接扫描货物打印面单。

4.分析库存，制订采购计划

根据现有库存，卖家可以分析出不同商品的销量以及受欢迎程度，然后据此制订下一个阶段的采购计划。

第 **10** 章

收付款方式：做安全、可靠的交易

随着跨境电商行业生态的丰富，各个支付商都致力于为买卖双方提供更可靠、便捷的收付款方式，保障跨境交易顺利进行。

卖家可以选择哪些收付款方式

跨境电商卖家能够选择的收付款方式有很多种，如传统电汇、西联汇款、速汇金、PayPal、国际版支付宝、信用卡等。卖家可以根据收付款方式的便捷程度和风险程度进行合理选择。

10.1.1　经久不衰的传统电汇

电汇指通过电报办理汇兑业务。汇款人先将一定款项存入汇款银行，然后再由汇款银行通过电报或电传将消息传达给目的地分行，即汇入行，汇入行会向收款人支付所汇金额。电汇的流程十分烦琐，一般适用于单位之间的款项划拨，或者单位向异地个人、个人向异地单位支付款项。一般来说，在电汇过程中产生的电报费用由汇款人承担。

电汇的操作流程如下所示：

（1）汇款人如实填写汇款申请书，采用电汇的方式将所汇款项和所需费用交给汇出行，并取得电汇回执。

（2）汇出行接到申请书并审核无误后，通过电报或电传向汇入行发出指示，同时在正文内容前加列密押。

（3）汇入行收到电报内容进行核实，核实无误后缮制电汇通知书，通知收款人取款。

（4）收款人凭借通知书去汇入行取款。

银行处理电汇业务的速度很快，通常在一个工作日内就可以完成。因此，一般大金额的汇款都采用电汇的方式。电汇具有安全和快捷的优点，而且它没有起汇金额限制，适用范围广。

10.1.2 操作简单的西联汇款

西联汇款是一家历史悠久的汇款公司，已有170多年的历史。西联汇款几乎与世界各地的银行都建立了合作关系，在全球200多个国家和地区设立了300多万个代理网点，编织了一张庞大的收付款服务网络。

西联汇款的操作流程比较简单，汇款人只需到所在地最近的西联合作网点填写好详细信息即可，其余的工作由西联完成。

汇款人需要填写汇款表单，然后支付相应的手续费。签名并接收收据后，汇款人就可以得到汇款监控号码，这可以用于跟踪汇款状态。

收款人可以通过和汇款人联系或者网上查询了解汇款是否到账，同时一定要核实信息，避免出错。收款人前往合作网点取款时需要携带身份证件，在柜台填写表单签署收据即可取款。

西联汇款的特点之一是使用方便。西联汇款的合作网点遍布全球，大多数地区都可以使用这一支付方式进行线下交易，手续也比较简单。另外，西联汇款的到账速度极快，一般十几分钟就可以到账。

西联汇款的手续费由买家承担，手续费按笔收取，小额交易手续费高。对于卖家而言，这一方式比较划算，因为卖家可以先收钱再发货。对于买家而言，这一方式存在一定的支付风险，很多买家担心自己支付后卖家不发货，因此这一方式不被大多数买家接受。

10.1.3　利于控制成本的速汇金

速汇金的经营机制与西联汇款类似，也是通过与世界各地的银行建立合作关系，设立代理网点来为广大跨境电商卖家和买家提供收付款服务。但是，速汇金主要经营个人对个人的快速汇款业务，一般10分钟左右就可以完成汇款。当前，只有美元才能办理速汇金汇出款业务。

汇款人需要准备外汇管理要求的相关证明文件，到速汇金办理柜台填写申请表，之后到现金区缴费，再持表回办理柜台办理汇出，并自留一联底单，最后通知收款人。收款人则需持速汇金业务参考号码和身份证件到速汇金柜台，根据金额大小按柜台要求提供相应的材料，核对无误后办理取款，并自留一联底单。

速汇金的特点有以下几个：一是快速，一般只需10分钟，操作程序就能完成；二是便捷，和西联一样，速汇金在全球建立了30万个网点，可以给大多数地区的人提供服务；三是简单，汇款人只需要填写一张表格，不需要银行账号就可以完成操作流程；四是安全可靠，与速汇金合作的都是高质量的银行、邮局和连锁超市网点。

不过速汇金也存在一些局限，例如，汇款人和收款人都必须是个人，必须是境外汇款，汇款人持现钞汇款需要缴纳一定的现钞变汇手续费等。

10.1.4　适合中小型卖家的PayPal

PayPal的总部设在美国加利福尼亚州，成立于1998年。PayPal主要是与电子商务平台合作，从中收取一定的服务费用。

PayPal的支付主要通过邮件进行。付款人登录邮箱后就可以开设PayPal账户，通过验证后即可成为用户。付款人需要提供信用卡或相关银行资料，并要确保账户有一定金额，之后付款人就可以将银行账户中的金额转至PayPal账户中。

付款人向第三人付款时，必须先进入PayPal账户，输入汇出金额，并提供收款人的电子邮件地址。随后PayPal向收款人发送电子邮件，通知其收款。如果收款人有PayPal账户，款项就直接转入其账户。如果收款人没有PayPal账户，PayPal会引导其注册一个PayPal账户，而后收款人就可以完成收款。

对于买家而言，买家付款时不用向卖家提供任何敏感金融信息，享有PayPal买家保护政策。PayPal集多种支付途径于一体，买家只需耗费两分钟即可完成账户注册，同时具备多国语言操作界面，支持信用卡在内的多种支付方式。

对于卖家而言，PayPal实现了网上自动化支付清算，有效提高了运营效率。同时，它具有成熟的风险控制体系，内置防欺诈模式，个人财务资料不会被泄露。

10.1.5　风险较低的国际版支付宝

国际版支付宝由阿里巴巴与支付宝公司联手打造，英文名称为Escrow

Service。阿里巴巴希望通过推出国际版支付宝，为跨境交易中的双方提供第三方担保服务，使跨境交易更加简便。其功能主要包括收款、退款、提现等。如果用户已有国内支付宝账户，那么只需要将国际版支付宝与其绑定就可以使用；如果用户没有国内支付宝账户，可以登录 Alipay 系统，注册一个账户。

在交易过程中，买家将货款转至第三方担保平台支付宝或国际版支付宝账户中，然后第三方担保平台通知卖家发货，买家在收到商品并确认没有问题后，第三方担保平台将货款转至卖家，这样一笔网络交易就完成了。

国际版支付宝是一种第三方支付担保服务，并非一种支付工具，其安全性能极高。它的风控体系能够保护用户在交易中免受信用卡被盗刷的风险。此外，国际版支付宝仅在收到货款的情况下才会通知卖家发货，买家确认后才会将货款转至卖家账户，有效避免了交易欺诈风险。

国际版支付宝支持多种支付方式，包括信用卡、T/T（Telegraphic Transfer，电汇）银行汇款等。国际版支付宝无须预存任何款项，也不收取任何额外服务费用。

10.1.6　可以先用后还的信用卡

信用卡也叫贷记卡，主要用于非现金付款交易，是一种信贷服务。

20世纪50年代，美国商人弗兰克·麦克纳马拉创立了"大来俱乐部"，为会员办理信用卡，会员可凭借卡片去指定的27家餐厅记账消费。随后，美国加利福尼亚州的富兰克林国民银行作为金融机构首先发行了银行信用卡。经过半个多世纪的发展，目前信用卡已经成为发展最快的一项金融业务。

信用卡的优势有：先消费后还款，用户享有一定期限的免息权，可以自主分期还款；具有支付功能；持卡人可以从发卡机构处获得一定的贷款；简化收款手续，节约社会劳动力。目前在欧美国家，信用卡机制已经十分健全，用户群体十分庞大。

但是信用卡的缺点同样明显，例如，容易被盗刷、拒付，还款麻烦，利息高，需要缴纳年费，容易导致盲目消费和过度消费。

如何找到适合自己的收付款方式

支持跨境交易的收付款方式很多，而且各有优劣势，跨境电商卖家究竟该如何选择适合自己的收付款方式呢？首先，卖家要分析目标市场的支付情况；其次，卖家可以采取多种收付款方式并行的策略；最后，卖家还要考虑各种收付款方式的风险。

10.2.1 分析目标市场的支付情况

无论跨境电商卖家是在独立站点开设店铺还是在第三方平台开设店铺，都有主要的受众市场。卖家在选择收付款方式时必须考虑当地人的支付习惯。

在不同的国家和地区，买家对于支付方式的选择也不同。例如，美国的信用卡机制比较完善，因此美国买家在支付方式上更加倾向于信用卡；巴西、俄罗斯等地的买家更喜欢使用本地化的支付方式；欧洲买家普遍喜欢使用PayPal；有些东亚国家的买家习惯使用银联。

分析买家的支付习惯非常重要，否则买家很有可能因为对支付方式陌生而放弃下订单。例如，某跨境服装企业把经营重心放在对欧洲服装的在线清算上，尽管商品质量很好，但是订单的转化率不高，支付成功率不到60%，弃购现象非常多。

后来经过分析，这家企业发现支付界面缺乏对买家付款的有效引导，而且最重要的是这家企业所提供的支付方式中不包含当地人习惯的本地化支付方式，因此很多买家在最后一步放弃下单。这家企业立即对支付方式进行了修改，加强了支付界面对买家的引导功能，并增加了欧洲买家常用的EPS、iDeal、Giropay、Sofortbanking、SEPA等本地化的支付方式。

不久，买家的接受度和支付效率得到了明显的提升，订单的转化率也由原来50%达到了80%以上。

10.2.2　考虑不同收付款方式的风险

对于买卖双方而言，收付款风险越低，交易安全性越高。那么哪一种支付方式风险最高，哪一种安全性最高呢？

信用卡是一种对于买家和卖家来说都存在风险的支付方式。欧美国家的买家比较习惯使用信用卡消费，而且是无密支付，买家只需要输入卡号、有效期和CVV2（Card Verification Value 2，信用卡安全码）就可以完成支付流程，这给不法分子实施欺诈提供了可乘之机。现在的国际信用卡都开通了拒付功能，这对于卖家而言是潜在的风险。

　　国际版支付宝和 **PayPal** 的安全性比较高。它们都维护消费者的利益，买家对商品有任何不满都可以通过平台投诉，卖家因此无法收到货款，这对买家是很有利的。

　　在电汇和西联汇款这两种支付方式下，卖家都是收到货款再发货。这种支付方式对于卖家是有利的，但很多买家会担心货款汇到后卖家不发货。不过交易过程中买家、银行和卖家三方需要就交易信息进行确认和沟通，比起信用卡的欺诈和盗刷等风险，这种支付方式的风险相对较小。

　　汇款人在用速汇金办理汇款业务时会设置一个收款密码，随后将这一密码告知收款人，收款人凭借密码和相关身份证件到银行取款。这种支付方式一般不容易出现问题，安全系数较高。

　　通过以上分析我们可以看出，各种支付方式的风险是不同的，而且同一支付方式下买家和卖家面临的风险也是不同的。买家和卖家在选择支付方式时一定要仔细甄别，选择对自己而言安全系数最高的那一种，以免在交易过程中遭受损失。

第 **11** 章

跨境物流：打通
"最后一公里"

在跨境电商交易中，物流运输是非常重要的环节。很多跨境电商卖家只对国内的快递有一定的了解，对于跨境物流比较陌生。跨境物流最终面对的是买家，买家对物流也有自己的要求，这就导致卖家与物流、物流与买家之间存在着一定的衔接问题。

对于跨境电商卖家而言，选择物流方式并不是一件简单的事。本章将以跨境物流这一环节为核心，系统讲解几种常见的跨境物流方式，为跨境电商卖家提供多样化的物流方案，让新手卖家也能选择适合自己的跨境物流。

新手如何做好跨境物流

跨境电商领域的新手卖家怎样才能从众多的物流服务商和物流方式中选择出适合自己的呢？首先，新手卖家要明白，什么是适合自己的。所谓适合自己，就是不仅能够节约物流成本，还能够满足买家对物流快速、安全、便捷的要求。其次，卖家要清楚目前市场上主流的物流方式有哪些，要货比三家，最终选出性价比最高的。最后，卖家还要对自己的目标市场有一定的研究，能够深入了解买家的需求。只有明确了这3个方面，卖家才能够在实际操作中选择合适的物流方式。

11.1.1 了解跨境物流面临的挑战

单从字面来看，跨境物流所面临的挑战在于跨境，既需要出境也需要入境。首先，跨境物流面临着不同国家的关税问题；其次，远距离运输的成本问题；然后，卖家对整条供应链的控制问题；最后，物流服务商的服务质量问题。跨境物流面临的几个痛点如下图所示。

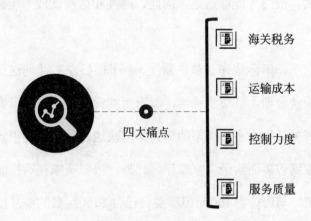

海关税务

运输成本

四大痛点

控制力度

服务质量

跨境物流的几大痛点

1.海关税务

在跨境物流方面，几乎所有进出口的包裹都要面临清关的问题。而只有被海关查验符合其国家进出口标准，并如实缴纳关税后的包裹才可以被放行。而各国海关的政策并非一成不变，可能去年享有优惠政策的商品种类今年就不再享有优惠政策。所以在包裹通关时，经常出现一些临时性问题，简单的问题可能只需要卖家在线上提交补充资料即可，而严重的问题可能导致包裹被海关扣押，而这会引起一连串的负面影响，给卖家带来很大的损失。很多小卖家因为包裹被扣，导致货款迟迟无法到账，资金无法回笼，最终闭店破产。

在国际贸易中，跨境包裹同样要缴纳增值税。如果没有特殊政策，几乎所有平台或所有独立站的卖家都要为自己的包裹缴纳增值税。

2.运输成本

跨境物流的运输周期往往很长，很多包裹需要经过陆运、海运、空运等多种运输方式，最终才能够送达。因此，时间和运费就成为卖家要考虑的最大运输成本。

一般情况下，国际快递最快也需要5个工作日左右才能送达。如果赶上节假日等销售黄金期，订单量骤增，卖家可能无法及时处理所有的订单。而且节假日时海关货物众多，买家的包裹难以快速过关，这样很容易导致买家因没有准时收到包裹而给予卖家差评。此外，很多买家在购物时喜欢选择包邮商品，例如，与售价为100元但需要自己付20元运费的商品相比，买家更喜欢120元包邮的同样的商品。因此，卖家要找到合适的物流服务商，尽量降低物流价格，给买家提供包邮服务，增强商品对买家的吸引力。

3.控制力度

很多大型跨境电商企业不会被这一问题困扰，因为它们完全有实力搭建自己的供应链物流渠道，能够实现物流运输流程可视化、可控化。但是对于一些新手卖家或中小型企业来说，发出去的包裹有时就像断了线的风筝，很难有效把握其动向。因此，新手卖家应选择有口碑、有保障的物流服务商，在签署合作协议时注意其中的一些细节，尽可能地掌控跨境物流运输的全过程。

4.服务质量

跨境物流中的服务主要体现在送货和退换货方面。很多买家在收到包裹后，出于各种原因想要退换货，而第一对接人就是物流配送员。对于国内电商买家而言，退换货很方便，很多快递员可以在一天内就上门取货。而在跨境电商交易中，很多服务商没有退换货服务，更没有上门取件服务，这非常影响买家的购买体验，也影响卖家的业务拓展。

11.1.2 根据买家的需求选择物流公司

在跨境电商交易中，各个国家和地区的买家因为需求的不同，对于物流运输方式的考虑也有着很大的不同。有的买家希望能够尽快收到包裹，有的买家认为速度不是最重要的，最重要的是包裹一定要安全抵达，还有的买家需要自付关税和运费，所以他们希望物流的成本能够再降低一些。这些不同的需求对卖家选择物流公司有着重要影响。

首先，网上店铺提供了远比实体店铺更加便宜的商品。因为和实体店铺相比，它节省了人力、房租和管理等成本，所以许多买家选择网购是因为商品有价格优势。

无论是国内电商还是跨境电商，买家的潜意识里已经有了在网上购物更加便宜的观点，而价格往往是大多数买家首先考虑的因素。因此，跨境电商卖家要想取得更好的销售业绩，选择一家在价格上有优势的物流公司是一个比较不错的选择。

其次，追求速度。无论是国内电商还是跨境电商，都追求物流运输的速度。尤其是跨境电商物流一般比较慢，许多买家因为不想长时间等待而选择支付一定的物流费用购买能够提供更快物流服务的商品。如果能压缩货物运送的时间，那么跨境电商卖家就会获得一定的竞争优势。

最后，商品安全问题。在跨境物流中，出现商品安全问题的可能性较国内电商平台大，如运输过程中出现差错、派件时商品损坏等，这些都会对商品的安全性造成威胁。而且跨境物流出现问题之后解决起来比较麻烦，需要比较长的时间。在选择物流公司时，卖家应关注安全、专业、高质量服务等非常重要且具有长效作用的因素。

11.1.3　商品不同，物流方式不同

商品不同，适合的物流方式也不同。在选择物流方式时，卖家不能参考不同行业或商品类型相差过大的卖家的物流模式。例如，卖陶瓷工艺品的参考卖服装的物流模式，这明显不合理。因为陶瓷工艺品体积大、较重、易碎，所以安全、平稳是卖家选择物流方式的第一需求，而服装较轻、体积小、不易损毁，所以价格便宜、能大量运输是卖家选择物流方式的第一需求。二者的物流运输方式天差地别，卖家一定要有针对性地选择适合自己的物流方式。

首先，根据商品的体积进行选择。对于那些比较小巧的商品，如明信片，卖家可以选用挂号信的物流方式；而小件的衣服、日用品或化妆品，卖家则可以选择平邮、邮政快包或EMS等运输方式。

其次，对于那些体积大的商品，如被褥、大型书架、床、沙发等，如果选择邮政快包，成本比较高，无论成本由卖家还是买家承担，都不划算。体积大的商品最好使用物流托运的方式运输，虽然时间成本较高，但是能够极

大降低物流成本。

然后，评估商品的贵重程度。对于售卖贵重商品的卖家而言，在物流方式选择上，费用不是最重要的因素，安全性才是。在选择物流公司时，售卖贵重商品的卖家可以参考以下3点：一是选择信誉可靠的公司；二是物流公司要能够保价；三是物流公司能够对商品进行妥善包装，做好防护。

最后，对于时效性的要求。很多商品本身是没有时间要求的，时效性主要由买家的急需程度决定。但是有一类商品——生鲜类，有一定的保质期，一旦过期商品就报废了。这类商品的卖家在选择物流方式时，一定要选择冷藏储运系统完备的物流公司。

海外物流PK国内物流

国外的一些国际快递公司成立时间比较长，运作机制也比较成熟，在全球大部分地区都建立了网点，拥有稳定的卖家资源和运输渠道，有着很大的优势。

国内的快递公司虽然成立时间都不长，跨国业务的起步时间也相对较短，但是对于跨境电商的卖家来说，和高速成长期的国内快递公司一起合作，也有诸多优势。

11.2.1 海外物流的发展情况

海外物流服务商很多，既有大众化的，也有区域性较强、比较小众化的。下面介绍几个大众化的海外物流服务商，详解海外物流的发展情况。

1.美国的主流物流服务商

在美国，发展较好的快递公司有Fedex和UPS。Fedex又称美国联邦快递，成立于1971年，总部在美国田纳西州孟菲斯。经过几十年的发展，Fedex已在220多个国家和地区设立了分支机构，拥有20多万名员工，4万多辆专用货车和近700架飞机，每个工作日经手大约330万件包裹。

该公司在美洲和亚太地区占据着很大优势，在高时效和优质服务的加持下，价格让许多人望而却步。

UPS又称联合快递，前身是1907年在美国西雅图成立的一家信差公司，最初的主营业务是传递信件和为零售店运送包裹。成立初期，UPS以"最好的服务、最低的价格"作为公司运营的准则，很快在美国西岸发展起来，20世纪30年代已经颇具规模。经历100余年的发展，UPS在全球拥有超过40万名雇员，其国际快递和空运都有良好的口碑。

2.欧洲的主流物流服务商

在欧洲，最知名的快递公司是德国的DHL和荷兰的TNT。

DHL于1969年成立，总部位于比利时。尽管成立时间晚，但其经营业绩毫不逊色，目前已在220多个国家和地区设有网点，拥有近300架飞机和近2万辆车。其主要服务范围不在欧洲，而在日本、澳洲和非洲等地区。

DHL凭借优质的服务、较强的清关能力以及比较优惠的价格，具有很强的市场影响力。

TNT成立于1946年，总部设在荷兰的阿姆斯特丹，是一家顶级物流公司。和前面几家快递公司不同，TNT提供包括邮运、快递和物流在内的多种服务。目前，该公司已经在超过200个国家和地区建立了经营网点，拥有超过14万名员工、50架飞机和2万辆车。TNT在欧洲、中东和西亚有着绝对的优势，当然，其价格也较高。

国外的快递公司经营国际业务更早，有着较为完备的体系，在设备和人员方面都更有优势，因此时效性更强，服务质量更高。同时，这些快递公司在多年的发展中已经形成了自己特定的客户群，在特定地区已经拥有品牌效应，价格自然比一般快递公司高。

11.2.2　国内物流"出海"，跨境业务有进步

近年来，跨境电商飞速发展，国内的物流服务商与时俱进，加入了这场"狂欢"。一些国内物流服务商在发展国内物流业务的同时，也在跨境物流业务上取得了不小的成就。

国内快递公司的跨国物流业务始于2013年9月，那时顺丰布局美国转运市场，随后，国内主要快递公司纷纷将业务向国外推进。在不到一年的时间里，邮政、顺丰、圆通、韵达、中通、申通等国内快递支柱公司便完成了向海外拓展的初步布局。下面以顺丰为例，详解国内快递公司的现状和特征。

顺丰国际快递服务已经覆盖了欧美、东亚、东南亚等地区的50多个国家，尤其是在南亚，其覆盖率已经超过90%。对于顺丰而言，提升全球市场

占有率是一项非常重要的任务。

相比 TNT、DHL、UPS 等已经很成熟、市场份额较大、服务体系比较完备的公司，顺丰的费用较便宜。此外，由于地理位置的优势，在中亚地区、东南亚地区，顺丰的物流运输速度比欧美的大快递公司更快。

不过相较于那些成熟的国际快递公司巨头，顺丰还存在着诸多劣势：在运输工具的数量上有明显的劣势；在清关能力上，顺丰还没有开发出独立的目的地清关系统；在全球还没有形成发达的配送网络，例如，货物空运到美国洛杉矶后，只能交给 UPS 派送；没有自己的服务系统，如果商品出现问题，问题件只能返回国内处理等。

顺丰是国内发展较成熟的快递公司，也是诸多国内快递公司中最先进入国际市场的。通过研究它的现状和面临的问题，我们可以窥见中通、申通、圆通、韵达等刚开展国际业务不久的国内快递公司的发展现状和面临的问题。

11.2.3　各国卖家应该如何选择快递公司

跨境电商卖家理想中的快递公司应当是既便宜，又能保障时效，同时还能保证包裹安全的公司。但十全十美的快递公司是不存在的。因此，卖家应依据自己的需求，根据目标市场的不同，选择性价比高的快递公司。

以欧洲为例，在欧洲国家发商业快递，DHL 和 TNT 是比较好的选择，因为这两家快递公司是欧洲本土邮政旗下的国际快递公司，清关能力强。虽然 TNT 已被 Fedex 收购，但之前的物流体系大部分得到了保留。在欧洲，较轻

　　的货物选择 DHL 能获得价格上的优势，较重的货物选择 TNT 和 Fedex 比较明智。Fedex 收购 TNT 后，在欧洲也有了不错的优势。

　　具体到某个国家，在快递选择上也有细微的差异。例如，在法国、西班牙等西欧国家，不适合发邮政小包。一方面，由于物流派送信息更新不及时，买家很可能收不到货，导致纠纷；另一方面，这些地区的买家对物流的时效性要求较高，尽管邮政小包有价格优势，但是在时效性方面却不能满足买家的需求。

　　而荷兰、丹麦、比利时、意大利等欧盟国家往往采用欧盟的征税标准，如果包裹价格在 22 欧元以上，则要缴税。低申报很容易被查到，所以使用商业快递申报时要格外注意。其中，荷兰对纺织品查得相对严，选择 EMS 的安全系数较高。

　　至于东欧国家，如捷克、斯洛伐克、波兰、爱沙尼亚、保加利亚、罗马尼亚等，选择 DHL 和专线物流比较好。德国比较特别，也适合选择 DHL。因为其海关检验比较严格，EMS 常会在这一环节被退回，而 DHL 清关能力较强，同时又是德国邮政旗下的国际快递公司。

　　希腊、土耳其等国家的海关税额较高，在没有清关代理的情况下，卖家最好选择 EMS 和邮政小包。另外，因为专线物流是由物流服务商的清关代理负责清关，所以专线物流在这些地方也比较合适。

　　乌克兰、白俄罗斯等国家的海关清关一般比较麻烦，像 DHL 和 Fedex 等商业快递，经常每件包裹都会被查，清关过程很艰难。相对的，邮政小包和 EMS 的清关能力较强，所以在这些国家这两种物流方式是比较好的选择。另外，专线物流在这些国家也是相对较好的选择。

跨境物流的主力军——邮政

实际上，中国古代就有快递行业了。如今，与古代的快递运输模式最为接近的是邮政小包。随着时代的不断演变，邮政已经在全球建立了庞大的派送网络，无论山高路远，都能够将包裹送到买家手中。

11.3.1　邮政的3大优势

在跨境电商领域，卖家邮寄小包裹一般使用邮政，因为其具有以下3大优势。

（1）覆盖范围广。邮政小包依托于在全球建立的众多网点，形成了庞大的配送网络。经过长时间的发展，目前邮政在全球大多数国家和地区都有代理点，在市场占有率上遥遥领先。这为包裹邮寄提供了很大的方便，只要有邮局的地方就可以寄到。对于跨境电商卖家而言，商品在全世界范围内的流动，需要邮政这样遍布世界的物流体系提供流通支撑。

（2）速度快。邮政小包走的是航空专线，速度较陆运和海运更快。有些国家的邮政针对特定地区有速度优势，例如，使用德国、瑞典的邮政向欧洲各国寄包裹的速度比向其他国家寄包裹的速度更快。

（3）价格便宜。中国邮政小包尤其能体现邮政小包的价格优势。与

DHL、UPS、TNT等物流方式相比，中国邮政小包不但基础价格低，而且在计算最终价格时还有货代折扣。

当然，邮政小包也有一些缺点，其中最重要的就是对货物的体积、重量的限制，例如，中国邮政小包把重量限制在两千克以内。但是在跨境电商交易中，重量超过两千克的商品很多，这就局限了其服务范围。

11.3.2　哪家邮政公司更靠谱

邮政小包在不同的国家和地区有着不同的优缺点，下面对几家主流的邮政小包进行对比。

（1）中国邮政小包。中国邮政经历了长时间的发展，资历老，市场占有率高，有遍布全球的运输网络，除极少数国家外，都能寄到。此外，中国邮政小包有价格优势，比起中国香港和欧洲等地区的邮政小包，中国邮政小包的邮寄费用低了许多。

（2）中国香港邮政小包。中国香港邮政小包是最早被运用于跨境电商领域的国际电商小包，具有一定的综合优势。在价格和挂号费上，尽管中国香港邮政小包比中国邮政小包贵，但也相对较低。在时效性上，尽管需要经过中转，但总体时效性依然很强。此外，中国香港邮政小包的丢包概率低，因物流导致的售后服务问题也较少，买家体验较好，服务质量较高。

（3）新加坡邮政小包。新加坡邮政小包是三大邮政小包之一，其最大的优势是"带电小包"。例如，中国邮政和中国香港邮政都限制带电商品，所以在运送跨境电商中的3C商品方面，新加坡邮政小包有着独一无二的优势。另外，对于目标市场是东南亚的卖家而言，新加坡邮政小包在价格、时效性和服务上具有很大的优势。

（4）德国为代表的欧洲国家的邮政小包。从速度上来看，德国的DHL运送到英国、法国等欧洲国家只需要5～7个工作日。在部分路线上，欧洲国家的邮政小包支持带电商品。在本土承运方面，欧洲国家的邮政小包有清关上的优势。对于目标市场在欧洲的卖家而言，欧洲国家的邮政小包是很好的物流选择。

专线物流让商品更快送达

除了邮政小包外，专线物流也是跨境电商卖家常选择的一种物流运输方式。相较于其他物流方式，专线物流的规模不大，所以有灵活、方便的优势。本节将从专线物流的优劣势以及运作流程入手，让卖家能够对其有一个更清楚的认知。

11.4.1　了解优劣势，考虑是否选择专线物流

专线物流指的是物流服务商有自己的运输工具，如货车、飞机等，通过这些运输工具将货物送到专线目的地。专线物流本质上是一种点对点的物流模式，成本较低，无须耗费大量人力、物力。但是对于卖家来说，专线物流也存在一定的风险。

和一般物流方式相比，专线物流最大的优点是价格低，因为设置专线的目的就是降低物流成本。虽然专线物流的货物发出时间不确定，往往装满车才发货，但是所到区域网点多，能保证货物在规定的时间到达目的地，时效性较强。

但是专线物流也存在风险。因为往往只需要较少的人力和物力就能支撑起一条物流专线，所以较低的门槛会影响物流的专业程度，运输中存在的风险较高。此外，专线物流需要有充足的货源，一旦货源不充足，非但不能节约成本，还会给物流公司带来损失。

尽管在国内物流方面，专线物流能够根据最近原则规划路线，往往能够节约时间并且按时到达，但是在跨境物流中，由于距离较远，有时也难免因为各种意外情况耽误时间，时效性无法保证。

11.4.2 专线物流运作：接单、配送、签收

专线物流运作流程主要包括3个环节，即接单、配送和签收。

首先，接单环节。物流配送中心接到买家的订单，然后根据库存情况对车辆、人员进行合理分配。货物的调配处理可以采取自动化的方式，也可以采取人工的方式，但要有专人负责，以便更高效地利用物流配送中心拥有的资源。

其次，配送环节。在配送环节，卖家要结合实际情况对系统做出的安排进行人工调整。调整完毕后，系统会依据货物存放地点以及物流配送中心设定的优化原则打印拣货清单。之后，承运人依靠拣货清单到仓库提货，同时仓库做相应的出库处理。货物出库后，相关人员就要将其装车，而且要

依据买家的下单信息打印相应的送货单。在这一环节中，卖家可以通过GPS（Global Positioning System，全球定位系统）实现对货物运输的监测，也可以和司机随时保持联系，并随时就出现的问题进行沟通。

最后，签收环节。货物到达目的地后，收货方确认、签收，配送人员凭借回执单和物流配送中心确认此次配送完成。

第 **12** 章

**商品入境：安全与合法
是两大关键**

影响商品顺利入境的关键因素是商品是否安全、合法。因此，跨境电商卖家必须清楚商品入境的推动力是什么，以及该怎样做才能使商品顺利入境。同时，卖家还要了解商品是如何清关的，避免因手续不全导致商品被海关扣下。跨境电商卖家要掌握商品快速通关的方法，及时了解各国海关关税的变化，安全、合法地让商品入境，尽快将商品送到买家手中。

是什么在推动商品入境

跨境贸易的驱动力主要有两个：强烈的市场需求和全球经济一体化的时代发展趋势。在全球经济一体化的时代发展趋势下，跨境贸易市场愈加成熟、稳定，消费者的需求也逐渐趋于个性化、多元化，市场需要越来越多的新兴商品。而为了满足市场的需求，跨境贸易的规模逐渐扩张，入境的商品不断增加。

12.1.1 消费升级，买家对进口商品有需求

中国作为全球最大的经济市场之一，市场需求不断升级。最直观的数据莫过于每年的"双11购物狂欢节"成交额，尽管全球经济下行，但买家的消费热情丝毫没有减弱。目前，中国买家对进口商品的需求已经从"买得到"升级为"买得好"，个性化、定制化的进口商品往往更能得到买家的青睐。

例如，2022年前三个季度，买家在京东购买电子产品、护肤品、家居用

品、食品饮料等商品时，选择进口商品的比例有了明显提升。其中，手机通信类的进口商品的成交额占到30%以上。而在买家中，26～45岁的青壮年人群是进口消费的主力军，这些拥有一定经济实力的买家对于进口商品有着强烈的需求。

例如，进口牛排、龙虾等价格较高的食材不再像过去那样销量惨淡，反而成为热销品。进口家居用品，如无线吸尘器、智能冰箱等，都进入了寻常百姓家中。价格不再是人们购买商品时的主要决定因素，其背后的价值成为更重要的决定因素。

除此之外，小众设计师设计的服装、宠物个性化装饰、各类独具特色的玩具、定制化动漫周边等小众特色商品，销量同比增长了几十倍。这些都充分说明在消费升级的前提下，买家对于进口商品有着更多的需求。

随着经济全球化的发展，各国的商品不断涌入，国内市场商品种类不断丰富。在消费升级趋势下，买家更看重生活的品质，除了选择性价比高的商品外，还愿意为自然、优质、健康的商品支付溢价，这使得买家对进口商品有了更多需求。

12.1.2　全球化浪潮促使政策向好

经济全球化本就是不可阻挡的趋势，为了从中获利，各个国家积极顺应趋势，重视本国市场中需求的变化，重视买家消费升级所衍生的需求，通过为跨境贸易制定红利政策创造有利的经济发展环境。

例如，近年来，中国持续降低消费品的进口关税，在跨境进口方面不断释放政策红利。一方面，降低税率有助于扩大中国从其他国家进口商品的规模，能更好地帮助其他发展中国家，共同分享国内巨大的消费市场和不断快速增加的市场红利；另一方面，降低税率使得更多的海外商品涌入中国市场，为中国消费者提供了更多的消费选择，更好地满足我国消费者不断升级的消费需求。

国内很多城市都以跨境电商为切入点，对仓储、物流等方面的流程进行简化，并完善通关一体化、信息共享等配套政策，以推动国际贸易自由化、便捷化。此外，很多地区都鼓励电商企业快速设立海外仓和布局全球营销网络，以创造出跨境电商知名品牌，不断开拓多元化市场。

我国跨境电商的迅猛发展，尤其是跨境电商综合试验区不断扩张建设，以及在跨境电商零售进口监管和服务创新方面积累的经验越来越多，为我国调整商品进口税率提供了可靠的依据。

政策红利给了相关产业转型升级的机会，为跨境电商企业的发展提供更加有力的政策支持和更广阔的市场。我国在进口方面不断地释放政策红利，刺激跨境进口领域不断发展。

入境商品如何清关

本节将介绍一般情况下入境商品的清关流程，帮助跨境电商卖家更加清楚地了解海关清关的运作模式。这样有助于卖家提前准备好清关材料，避免因为手续不全延误商品的清关进程。

12.2.1 快递公司代收件人清关

收到买家的订单后，跨境电商卖家通过国际物流直接将商品从境外邮寄出去，卖家不需要准备海关单据。

对于跨境电商卖家来说，通过国际物流邮寄这一方式更加灵活，收到订单时才需要发货，自己不需要提前备货，没有库存积压的烦恼，没有仓储费用的压力。

快递公司代收件人清关这种进口清关模式更适合平时订单量较少、没有大数额订单的电商卖家。因为在长途跨境运输过程中，商品会与许多其他货物混在一起，而快递公司不对运输的货物进行分类，所以通关效率很低。这样在货物量大的时候，物流成本会大幅增加。如果货物的运送时间过长，那么买家对物流、商品的满意度就会降低。

12.2.2 将商品聚集，统一清关

跨境电商卖家可以将多个订单中的商品聚集起来，统一打包清关。卖家可以委托国际物流服务商将这些商品运送到保税仓，但卖家必须为每一件商品都办理好海关通关手续。待海关核查无误后，卖家再委托目的地的快递公司，将这些货物分类打包，按地区派送至买家手中。在派送时，每个订单都要附有海关单据。

集货清关相对其他清关模式来说比较灵活，卖家不需要提前备货，只需要积累一定量的订单，然后将货物批量打包，统一发货。相对于快递公司代收件人清关而言，集货清关的通关效率较高，而且由于有规模效益，因此整

体的物流成本较低。

商品从海外发货，就需要在海外打包，但海外的人工成本高，使得商品的整体成本增加。而且从海外发货，中途的物流时间较长。

集货清关这一进口清关模式适合订单量较大的卖家。卖家需要在短时间内收到多笔订单，这样才不会亏本。

12.2.3　提前备货，按照订单要求清关

跨境电商卖家也可以提前批量备货，将货物存放在海关监管下的保税仓。买家下单后，卖家根据订单需求，为订单中的商品办理通关手续。保税仓的员工负责订单商品打包、贴单，海关核查后会将其放行。之后，卖家需要委托目的地的快递公司将商品送到买家手中，海关单据需要随订单附上。

由于卖家提前批量备好了货，且已经送至保税仓，因此商品运输途中产生的国际快递费用较低。从保税仓直接发货，通关的效率较高，中途运输时间较短，可及时响应买家的换货、退货等要求。物流时间短也使得买家的购物体验满意度高。

但由于卖家需要提前备好货，要占用保税仓库，因此需要支付仓储费用。而且备货要占用卖家的流动资金，在商品的销售量不稳定的情况下，这种清关模式风险较大。

备货清关的进口清关模式适用于订单量稳定、订单量大的跨境电商卖家。卖家可通过大批量订货或提前订货来降低采购过程中的成本。卖家可逐步从空运过渡到海运，以此降低跨境运输中产生的成本，或者采用质押监管融资的方式，解决备货占用资金的问题。

如何让入境商品迅速通关

如果想让入境商品迅速通关，卖家就要做到以下几个方面：掌握海关查验的详细流程；配合检疫，学习清单管理规则；了解行邮税的相关知识；关注进口税收政策。本节将对相关知识进行详解，帮助跨境电商卖家的入境商品迅速通关。

12.3.1 掌握海关查验的详细流程

海关查验的目的是核对申报信息和实际货物是否一致。在实际的查验过程中，经常出现伪报、瞒报、虚报的现象。例如，入境的是某国法律禁止入境的昆虫宠物，但卖家在申报时填写的是女士服装，这就是典型的伪报。

海关查验流程如下：

（1）在满足查验条件后，海关部门发出查验通知单，通知跨境货物收发货人或其代理人到场。

（2）海关部门确定查验计划，即现场海关查验人员安排具体查验时间。

（3）海关人员查验货物时，跨境货物收发货人或其代理人应当在场，并协助搬移、拆开、重封货物。如果海关人员认为有细检的必要，可以自行对货物开验、复验甚至提取货样进行检查。

（4）查验结束后，查验人员、跨境货物收发货人或其代理人在查验记录单上签字、确认。查验记录单作为报关单的随附单证由海关保存。

查验完货物后，查验人员会填写一份海关验货记录。除需缴税的货物外，自查验完毕后4个小时内，跨境货物收发货人或其代理人要办理好通关手续。对需要征税的货物，海关要自跨境货物收发货人或其代理人接受申报起1日内开出税单。如果跨境货物收发货人或其代理人对税价有疑问，则进入审价环节。

12.3.2 配合检疫，学习清单管理规则

配合海关对进口商品进行检疫，是跨境电商卖家和物流服务商应尽的义务。因为检疫对国家的影响非常大。如果携带病毒或其他病原体的商品流入某国市场，势必引起一场灾难。

在电商平台上线销售的进口商品，在入关时不仅要申报商品的品名清单、商品相对应的编码和商品的规格型号，还要出具第三方检测机构出具的质量安全评估报告与符合性申明报告，以及给消费者的商品告知书。

《中华人民共和国进出口食品安全管理办法》（海关总署令第249号）第三十条规定：进口食品的包装和标签、标识应当符合中国法律法规和食品安全国家标准；依法应当有说明书的，还应当有中文说明书。

对于进口鲜冻肉类产品，内外包装上应当有牢固、清晰、易辨的中英文或者中文和出口国家（地区）文字标识，标明以下内容：产地国家（地区）、品名、生产企业注册编号、生产批号；外包装上应当以中文标明规格、产地（具体到州/省/市）、目的地、生产日期、保质期限、储存温度等内容，必须

标注目的地为中华人民共和国，加施出口国家（地区）官方检验检疫标识。

对于进口水产品，内外包装上应当有牢固、清晰、易辨的中英文或者中文和出口国家（地区）文字标识，标明以下内容：商品名和学名、规格、生产日期、批号、保质期限和保存条件、生产方式（海水捕捞、淡水捕捞、养殖）、生产地区（海洋捕捞海域、淡水捕捞国家或者地区、养殖产品所在国家或者地区）、涉及的所有生产加工企业（含捕捞船、加工船、运输船、独立冷库）名称、注册编号及地址（具体到州/省/市）、必须标注目的地为中华人民共和国。

进口保健食品、特殊膳食用食品的中文标签必须印制在最小销售包装上，不得加贴。

进口食品内外包装有特殊标识规定的，按照相关规定执行。

财政部的公告曾指出，为了避免工业、化工等原材料产品通过跨境电子商务进口零售渠道进入我国，扰乱国内正常的交易秩序，对跨境电商零售进口税收政策实施清单管理。

清单是结合跨境贸易电商服务进口试点情况，根据相关管理部门的意见给予统一规范。清单内包括1476种商品，涵盖家用电器、食品饮料、儿童玩具、服装鞋帽、部分化妆品等。

清单中的商品不用向海关部门提交许可证等文件，检验检疫监督管理按照国家相关法律法规的规定执行；直购进口的商品可以免于验核通关单。

12.3.3　了解行邮税的相关知识

行邮税不是单一的税种，而是个人通关时所携带的行李或邮寄物品的进口关税、增值税、消费税的三合一综合税种。

行邮税针对的是个人携带的物品，而非大宗货物。行邮税的税率普遍低于同类型的进口货物的税率。根据海关相关条例的规定，对超过海关总署规定数额但在合理数量范围内的个人自用入境物品征加进口税，如个人邮递物品、旅客行李物品以及其他个人自用物品等。

买家个人去海外购物和使用跨境电商平台购买的直邮商品均适用行邮税。目前，海关对进口货物实施监管。为了鼓励跨境电商的发展，我国降低了对跨境电商零售货物征收的相关海关税费，并一再延长跨境电商零售进口监管过渡期政策的实行时间。

近些年，海关部门降低了对个人携带进境的邮递物品征收的行邮税的税率。自2019年4月9日起，我国调整进境物品的行邮税。对进境的物品征加的进口税率由15%、25%和60%三档调整为13%、20%和50%，其中对食品、药品、电器等商品进行了不同的税率调降，普遍降幅在2%～10%，以此扩大进口规模，促进消费。2022年1月1日起，我国对新型抗癌药氯化镭注射液、超过100年历史的油画等艺术品实施零关税。

行邮税税率降低意味着海外商品在海关过境时需要缴纳的税费减少了。以申报价为600元的商品为例，税率从25%下调到20%，则税费从150元下调到120元，税费少了30元；税率从15%下调到13%，则税费从90元下调到78元，税费少了12元。

12.3.4 关注进口税收政策

各国的进口税收政策都会随着经济的发展和市场的需求而改变。以中国为例，中国在2022年调整了跨境电商零售进口商品清单（2019年版）。与2019年的版本相比，2022年的版本有了一些变化，例如，新增一些近年来消费需求旺盛的商品，调整了清单中商品的税则号列，调整了一些商品的备注等。

2022年版进口税收政策具体的变化体现在以下几个方面。

（1）新增29项近年来消费需求旺盛的商品。这29项商品包括食品、纺织品、假发制品、电气设备、家具、游戏品等多个商品类目。为了迎合北京冬奥会掀起的全民冰雪运动热潮，还新增了滑雪屐等滑雪用具，带动全民参与冰雪运动。

为了满足近年来国内消费者对游戏产品的消费需求，视频游戏控制器及设备、视频游戏控制器的零件及附件等也是此次调整中的新增项目。

除此之外，人们消费需求旺盛的日常用品也在新增商品之列，如扇贝、番茄汁、花洒、沐浴球、床单等。这些商品被纳入清单之后，人们可以通过跨境电商平台购买，价格会有所下降，有利于满足人们消费升级的整体需求。

（2）调整清单中商品的税则号列，新增税则号列115项，删除已作废税则号列80项。原税号09023020"每件净重不超过3千克的普洱茶"，拆分为09023031"每件净重不超过3千克的普洱茶（熟茶）"，09023039"每件净重不超过3千克的其他黑茶"和09024039"每件净重大于3千克的其他黑茶"3个税号。

原税号17029000"其他固体糖"调整为17029090；"甘蔗糖或甜菜糖水溶液"按照是否含香料或着色剂分别归入税号17029011和21069061；"蔗糖含量超过50%的甘蔗糖、甜菜糖与其他糖的固体混合物"按照是否含香料或着色剂分别归入税号17029012和21069062。

（3）删除了清单中93070090项下剑、短弯刀、刺刀、长矛和类似武器及零件的税则号列。

（4）根据监管要求调整了206项商品备注。

第**13**章

商品出境：将商品顺利地送至海外

　　商品出境是指卖家或物流服务商将商品顺利地送至海外，商品出境流程和退税流程中隐藏着各种风险，卖家要注意防范。卖家可以通过掌握商品出境的全流程，合理避开风险，尽可能多地享受税收优惠，降低商品出境成本，提高自己的利润率。

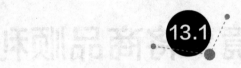

如何让商品安全出境

　　商品安全出境的流程主要有5个，分别是：为商品做出境申报；提前把商品出境所需资料准备好；查验单证和货物；按时、按量、合法纳税；做好结关工作，办理出境手续。

13.1.1　为商品做出境申报

　　出境申报即卖家在规定的时间、地点，利用电子报关单或纸质报关单向海关提交出口货物的实际情况，接受海关的查验。

　　卖家在进行出境申报前，要将出境的货物提前打包准备好，再次检查货物名称、类型、数量、型号等，要保证与实际情况一致。之后，卖家要填写申报单证，即报关单和随附单证，随附单证包括装箱单、装货单、出口许可证、出口收汇核销单等多种单据证明。需要注意的是，这些单证必须真实、有效，而且要字迹清晰，没有损坏。

填好申报单证后，卖家接下来就可以进行出境申报，最常用的是线上申报。卖家在申报通过后的10日内，必须拿着纸质版报关单和附加单据来到指定海关办理相关手续。

卖家应当注意，在装货前的24小时内必须进行申报，如果有特殊情况可以提前告知海关，按照海关要求进行申报。如果卖家没有在规定期限内申报，海关会按日对货物征收一定金额的滞报金。

13.1.2　提前把商品出境所需资料准备好

卖家需要提前准备的单证主要分为基本单证和特殊单证两部分。下面是卖家要准备好的具体的单证及资料。

（1）基本单证和文件：报关委托书、出口货物装货单（由船公司进行签发的）、商业发票（电商卖家签发的）、装箱单（电商卖家签发的）、仓单（仓库保管人签发的）、出口货物的合同副本、出口商品检验证书等。

（2）特殊单证和文件：征免税证明、外汇核销单、进出口许可证件、担保文件、国家商务主管部门签发的批准文件、加工贸易手册、检验检疫部门签发的出入境货物通关单、原产地证明书等。

此外，卖家最好将预备单证也准备好。预备单证是指在办理进出口货物手续时，海关认为必要时查阅或收取的单证，包括进出口贸易合同、进出口电商卖家的有关证明文件。一般的进出口贸易，填制报关单时只需要基本单证就足够了。

13.1.3　查验单证和货物

查验单证和货物这一环节即海关查验。在接受报关单位的申报后，海关会依法对货物进行查验，以确定卖家是否如实申报，并保证收缴关税金额的准确性，防止有人浑水摸鱼。

海关查验的具体内容主要包括以下几项：进出口货物的相关信息，如名称、规格、质量、包装、重量等；商品生产国家；进行贸易的国家。

海关通常在口岸码头、邮局、火车站、机场等地点查验货物。如果是大宗的货物，或者是危险品、生鲜商品，海关也可以在作业现场对货物进行查验。

一般情况下，海关会根据实际情况选择查验方式。海关的查验方式分为两种：一种是彻底查验，另一种是抽查。从具体操作方式上细分，海关查验可分为人工查验、设备查验两种。

（1）设备查验。这是最常见的查验办法，利用机器扫描技术检查货物，能够查出大部分的违规品、违禁品。海关人员能够通过机器了解包裹内的实际状况，将包裹内货物与进口报关单核对，如核对结果无差异，进入货物征税环节。

（2）人工查验。为了保证出入海关的货物的合规性，海关会随机对一定比例的货物进行人工查验。海关人员会对货物外形进行查验，例如，对货物的外部特征或易于判断属性的货物包装进行检验核对。

在人工查验环节，海关人员会随机抽查货物，对包裹内的实际货物按照报关单进行核验。有时，海关人员也会逐件拆开货物，进行彻底的检验核对。

我国海关的赔偿范围仅限于实施查验过程中（之前和之后损坏，海关不赔偿），在出现以下情况时，海关也不赔偿：

（1）在搬运货物或者开封箱时，由于不小心致使货物损坏的；

（2）在海关正常工作时间内，易失效、易腐的货物自然失效、变质的；

（3）货物的正常磨损；

（4）在海关还没有进行查验之前，货物就已经损坏的；

（5）海关查验以后，货物才损坏的；

（6）因为不可抗力造成的货物损坏。

13.1.4　按时、按量、合法纳税

关税的显著特点是无偿性、强制性、预定性。按时、按量、合法纳税是每个公民应尽的义务。

《中华人民共和国海关法》规定，进出口货物的收发货人，进出境商品的所有人，即为关税的纳税义务人；有权经营进出口业务的企业和海关准予注册的报关企业也是法定纳税义务人。

我国海关征收出口关税的目的是对某些商品的过度、无序出口进行调控，避免我国的重要资源和原材料发生无序出口的情况，有利于保护国家经济，管理对外贸易。

目前，我国征收的出口关税主要有以下两种：从价税、从量税。卖家应对缴纳关税的税额、种类及其计算方法有一个基本的了解，以提高通关效率。

1. 从价税

按照进出口货物的价格来计算税款的关税就是从价税。这里所说的价格不是货物的成交价格，而是完税价格。

应征出口关税税额＝出口货物完税价格×出口关税税率

出口货物完税价格＝FOB（Free on Board，离岸价格）－出口关税

＝FOB÷（1＋出口关税税率）

2.从量税

按照进出口货物的计量单位计算税款的关税就是从量税。这种关税的计算比较简单，而且税额不会随着商品价格的变化而变化。

应征出口关税税额＝货物数量×单位税额

我国海关规定，纳税义务人应在海关做出征收决定后的7个工作日内缴纳税款。一旦纳税义务人逾期未缴税，即构成关税滞纳，海关将对纳税义务人征收滞纳金。

关税滞纳金指的是在关税缴纳期限内没有按时缴纳关税的纳税人，被海关征收应纳税额一定比例的罚款的一种行政行为。滞纳金的具体金额由滞纳天数决定，计算公式如下：

关税滞纳金金额＝滞纳关税税额×滞纳金征收比率×滞纳天数

关税的缴纳不但关系着出口货物能否顺利通关、交易能否顺利达成，同时还是保护国内经济、稳定市场、增加财政收入的有力手段。卖家应在关税缴纳期内及时缴纳关税，避免被征收滞纳金，遭受一定损失。

13.1.5 做好结关工作，办理出境手续

结关放行是海关监管工作的最后一个环节。在这个环节中，海关工作人员会对之前环节的工作进行复核。一般情况下，在该环节结束以后，海关对

货物就不再拥有监管权限。但也有一些货物即使在结关之后，同样受到海关的监管，如保税货物、暂准进出口货物、减免税货物等。

结关放行的工作主要包括以下几个方面：

（1）出口货物的通关程序是否完全合法；

（2）报关单和随附单据是否齐全、准确、有效；

（3）货物查验记录和批注是否符合规范、准确；

（4）出口货物的税款是否已经缴纳；

（5）监管货物的登记以及备案记录是否完整、符合规范；

（6）是否存在某些违规行为，若有违规行为，是否已经进行处罚。

复核工作结束以后，海关就可以放行出口货物，具体程序如下。

1.海关在进出境现场进行货物放行，完成货物结关

（1）海关在进出境现场进行货物放行：海关不再对进出口货物进行监管，批准货物离开海关，并在相关证件上加盖海关放行章。

（2）货物结关：办结进出口货物的海关手续，海关正式结束监管。

2.装运货物

卖家办理货物离境手续（一定要拿着有海关放行章的出口装货凭证），并向海关申请签发证明联（如果外贸企业需要的话）。

在结关放行这一最后阶段，卖家更要打起十分的精神，要格外注意单据的准备、货物的装卸、运货时间等问题。只有按时、顺利地通关，货物才能准时到达目的地。在货物发出后，卖家应按照结汇方式的不同，准备好相关账单、提单，力求按时、按量地收回货款。

办理退税事宜，避免亏损

为了鼓励出口，有些国家或地区会制定一些税收优惠政策。退税就是一种典型的税收优惠政策。

13.2.1 可以享受退税政策的4类货物

出口退税是国家对出口货物实施零税率政策，对出口货物退还其在国内生产、流通时所缴纳的增值税和消费税。

出口退税可以保障跨境电商卖家的利益，防止出口货物被双重征税。这样一来，我国的商品在进入国际市场时，就会有显著的价格优势，增强我国商品在国际市场上的竞争力，扩大出口创汇。

一般情况下，只有以下几种类型的货物，才可以享受退税政策，办理出口退税。

1.增值税、消费税征收范围内货物

根据我国相关法律规定，该范围包括所有的增值税应税货物以及烟、酒、化妆品等11类列举征收消费税的消费品，但不包括直接向农业生产者所收购的免税农产品。

我国的出口退税政策具有"未征不退"的特点，只对征收过增值税和消费税的出口货物退还已纳税额，没有缴纳过增值税和消费税的货物不能办理退税。

2.报关离境出口货物

我国货物出口的方式主要有两种，分别是自营出口以及委托代理出口。货物想要办理出口退税必须已经报关离境出口，这是税务机关对出口退税的硬性规定。

如果货物在国内销售而没有报关离境，无论外贸企业对其以外汇抑或人民币结算，都不能被视为出口货物，因此不能办理出口退税（另有规定的除外）。

对于在境内经营以外汇结算的特殊货物，如国际宾馆、饭店等，因为其在经营过程中实际上没有离境，所以也不能办理退税。

3.在财务上作销售处理的货物

出口退税政策一般仅适用于贸易性的出口货物。根据我国法律规定，礼品、样品、个人购买随身带离出境的商品（另有规定的除外）、邮寄品等非贸易性的出口货物，不具有销售性质，所以无法办理出口退税。

4.已收汇并经核销货物

依据我国相关法律规定，只有已经收汇而且经过外汇部门核销的出口货物，才能申请办理出口退税。

国家规定外贸公司出口的货物必须是以上4种类型，才有退税的资格。

如果是生产公司（有进出口经营权的生产公司、外商投资的生产公司、委托外贸公司代理出口的生产公司）申请办理货物出口退税，那么还要满足一个条件，那就是货物必须是生产公司自己生产的或者可以看作自己生产的。

如果卖家想要办理货物出口退税，就必须按照国家税务机关的相关规定，使货物符合以上条件，这样才能合法、合理地办理出口退税。

13.2.2　退税关键点：登记、准备材料、计算退税额

对于跨境电商卖家来说，出口退税是一种降低成本的有效途径。合理利用出口退税，有助于降低卖家的运营成本，提高商品利润率。此外，出口退税不仅可以促进国民经济健康发展，还能够提升本国商品在国际市场的竞争力，促进对外贸易发展。

出口退税的办理贯穿于货物出口的全过程。其中，最值得注意的是退税登记、准备材料、税款计算这3部分。

1.办理出口退税登记

出口退税登记是我国对外贸企业在具备出口经营权以后必须到税务机关办理书面登记的一项规定。它一般包括注册、变更、注销登记和年检，是我国所有外贸企业办理出口退税必不可少的一个流程。

外贸企业只有具备退税资格，才能进行退税登记。外贸企业在办理出口退税登记之前，应该先审视自身是否满足经营出口业务、持有市场监管部门颁发的营业执照、具有法人地位且实行独立经济核算这3个基本条件。只有满足以上条件，才能合法登记，进行出口退税。

一般情况下，退税登记分为以下3个环节。

（1）在相关文件检验完毕后领取出口退税登记表。

（2）领表之后按要求填写并加盖公司公章，之后将登记表与出口商品经营权批准文件、工商登记证等材料一起提交给税务机关。税务机关审核无误即代表登记被受理。

（3）税务机关发放出口退税登记证。

2.准备出口退税材料

出口退税是外贸交易中很重要的一环，所有的外贸企业都应该对其有所重视。能否成功退税在一定程度上决定着企业外贸业务的利润大小。办理出口退税涉及税务机关、海关、外经贸主管部门、外汇管理部门等诸多单位，所需要的单证比较繁杂，具体如下所示。

（1）报关单原件；

（2）出口货物发票原件；

（3）出口收汇核销单原件，也可以提供远期收汇备案证明；

（4）增值税专用发票原件；

（5）如果有代理业务，卖家还需要提供代理出口货物证明以及代理协议原件；

（6）出口退税申报软件中生成的电子数据；

（7）出口货物的销售明细；

（8）出口退税进货明细申报表、出口退税出口明细申报表、出口退税汇总申报表。

卖家办理出口退税的流程为：线上申领核销单；领取核销单并备案；企

业交单；线上核销；登录退税系统；认证发票信息并录入退税申报数据生成申报软盘；去税务局退税；对退税单证进行备案。

3.退税核算方法

退税金额的核算很重要，关系到外贸订单的收益。我国目前实行的退税方法大体分为两种：一种是"免、抵、退"，另一种是"先征后退"。两种方法适用于不同的企业。

"免、抵、退"的方法适用于自身具有进出口经营权的生产企业，它的自营出口的货物所缴纳的增值税可以采取这个办法退税，以出口货物的离岸价为退税依据。"免、抵、退"的退税方法不是全额退还出口货物的应退税款，而是先免征其出口环节应缴纳的税款，再抵消内销货物应缴纳的税款，最后对其应纳税额不足以抵消应退税额的部分，根据企业出口销售额在当期全部货物销售额中所占的比例来确定是否可以退税。

"免、抵、退"税额的计算公式为：当期出口货物不予免征抵扣和退税的税额＝当期出口货物的离岸价×外汇人民币牌价×（增值税规定税率－退税率）。

"先征后退"的方法一般适用于自身不具备进出口经营权的生产企业委托其他企业出口的商品。"先征后退"采用的是对于手续齐全的出口货物在出口环节所照常征收的增值税和消费税给予退税的方法。其退税一般由主管出口退税的税务部门负责。

"先征后退"税额的计算分为征税的计算和退税的计算，其中征税的计算公式为：出口货物销项税额＝出口货物的离岸价×外汇人民币牌价×征税率，当期应纳税额＝内销货物的销项税额＋出口货物销项税额－进项税额。

退税的计算公式为：应退税额＝出口货物的离岸价×外汇人民币牌价×退税率。

在退税的过程中，同样的出口货物，采用不同的退税方式后通常可以得到不同的结果。所以，卖家在选择退税方式的时候，一定要谨慎考虑，选择对自己最有利的方式。

13.2.3　如何选择以哪种形式退税

出口退税的形式主要有以下3种，卖家可以根据自己的情况灵活选择。

（1）免除销项税和退还进项税。一般纳税人出口货物时，既要缴纳销项税又要缴纳进项税。如果税负为零，一般情况下是把一般纳税人的销项税免除，把进项税退还。

（2）免除销项税，但不退还进项税。如果跨境电商卖家出口的货物没有进项税，那么只免除销项税。例如，免税商品、小规模纳税人都不用缴纳进项税。只免除销项税但不退还进项税，也能将税负归零。

（3）既不免除销项税，也不退还进项税额。这一形式主要针对的是国家不鼓励出口，甚至限制、禁止出口的货物。

13.2.4　退税单证遗失的处理办法

了解了出口退税的重要性后，卖家还应知道办理出口退税时所需的单据必须正确、清晰、合法、有效。在办理的过程中，单证的保管也是卖家需要特别注意的，特别是出口货物增值税专用发票。一旦单证遗失，无疑会给出口退税的办理带来极大麻烦。

增值税专用发票是在货物出口过程中所开具的证明货物已缴纳增值税的发票，同时它也是卖家办理出口退税必不可少的票据。卖家应妥善保管出口货物增值税专用发票，如果不慎遗失，应按照相关规定，早作处理，尽量避免对外贸业务造成恶劣影响。

针对办理出口退税的外贸企业丢失增值税专用发票的情况，《关于外贸企业丢失增值税专用发票抵扣联出口退税有关问题的通知》（以下简称《通知》）中已经有了明确的解决办法，避免卖家在遇到此类问题时"两眼一抹黑"，具体规定如下。

一、外贸企业丢失已开具增值税专用发票发票联和抵扣联的，在增值税专用发票认证相符后，可凭增值税专用发票记账联复印件及销售方所在地主管税务机关出具的《丢失增值税专用发票已报税证明单》，经购买方主管税务机关审核同意后，向主管出口退税的税务机关申报出口退税。

二、外贸企业丢失已开具增值税专用发票抵扣联的，在增值税专用发票认证相符后，可凭增值税专用发票发票联复印件向主管出口退税的税务机关申报出口退税。

三、对属于本通知第一、二条规定情形的，各地主管出口退税的税务机关必须加强出口退税审核，在增值税专用发票信息比对无误的情况下，按现行出口退税规定办理出口退税事宜。

卖家在办理出口退税的过程中，应尽量保证票据安全，争取顺利办理出口退税。如果不幸发生了票据遗失的状况，也要做到沉着冷静，及时按照以上规定，合法办理出口退税。

卖家应当熟悉相关规定的内容，一旦发生货物增值税专用发票不慎遗失的情况，要及时按照《通知》规定采取补救措施，保证自身的正当利益不受侵犯。

谨慎应对商品出境的风险

商品出境过程中潜藏很多风险，如何有效地降低风险，把风险发生的概率降到最低，是卖家在出口货物时应重点思考的问题。跨境电商卖家要密切关注知识产权、关税及流转税、商品被海关扣留、跨境欺诈这4项高发风险，从这4个方面入手合理把控风险。

13.3.1　商品侵犯知识产权，怎么办

近几年，跨境电商的蓬勃发展使各国都进一步完善了相关法律机制，特别是知识产权相关的法律法规。一般情况下，如果海关发现进出口商品侵犯了他人的知识产权，就可以直接将商品扣留。

在商品进出口的过程中，跨境电商卖家应尽力避免商品侵犯他人的知识产权。卖家在持有知识产权的情况下，可以维护自己的正当利益。为了防止已获得合法知识产权授权的商品被海关扣留，提高通关效率，卖家可以先查验自己的商品是否有知识产权合规授权证明。同时，卖家可以在海关备案系统的官网首页查询通关商品的知识产权是否在海关总署备案。

如果已在海关备案，卖家可以联系知识产权的权利人，请求其将自己列入海关备案系统中商品知识产权的合法使用者名单中，防止商品在出口过关的过程中遇到阻碍。如果商品的知识产权涉及国外的权利人，卖家可以联系其所授权的商品知识产权国内代理人。

如果卖家想要找到国内代理人的联系方式，在海关总署备案系统官网首页输入商品的专利号、商标号或著作权号、商品权利名称，就可以查到商品知识产权国内代理人的联系方式。

在海关查验商品的过程中，卖家向海关提交了商品知识产权权利人的纸质授权材料，但是海关的审查期较长，那么卖家应如何提高效率、快速通关？

由于知识产权权利人出具的纸质授权材料的格式不同，因此海关在辨别授权材料真伪时需要花费较长时间。为了提升商品的通关速度，海关会建议跨境电商卖家让知识产权的权利人在海关总署的知识产权备案系统中将电商卖家列入知识产权合法使用者名单中。纸质的授权材料需要海关部门层层审查，而备案系统中的授权名单在全国海关网站上都能查到，这样卖家可以快速通关而无须提交纸质授权材料。

13.3.2 不要试图逃脱关税与流转税

除了特殊情况外，关税是开展跨境贸易的卖家不可逃避的一个税种。各国海关都有权利对通关货物收取关税。

出口的货物以该货物出售到境外的离岸价格减去出口税之后，通过海关审查确认的价格为完税价格；而进口的货物以海关审定的成交价格为基础的到岸价格为完税价格。

一般关税的纳税方式是，海关计算好应纳税额，将缴款通知书送达电商卖家，卖家带着缴款通知书在海关或指定银行缴纳税款。卖家缴纳完税款或办理转账入库手续后，海关凭办理好的银行回执联给电商卖家的货物办理结关放行手续。这是大部分国家关税的纳税方式，各国海关都以这种方式作为基本纳税方式。

关税应纳税额的计算公式为：应纳税额＝关税完税价格×适用税率。

在货物出口的过程中，中国海关也会对出口的货物征收关税。国内海关在进出口税则中明确了对大约47个税号的商品征收出口关税。目前国内出口货物的关税税率实施的是单一税则制，就是只使用一种税率。

海关审定的商品销售到境外的离岸价格扣除出口关税之后，就是出口货物的完税价格。

出口货物的关税计算公式：出口关税＝完税价格×出口税率。

VAT（Value Added Tax，增值税）是欧洲国家普遍采用的一种流转税，征收纳税人生产经营活动的增值额。

以英国为例，当货物进入英国境内后，需要缴纳进口税，进口税主要是指进口增值税。完成交易后，电商卖家可以将进口的海关增值税作为进项税，向有关部门申请退回，再按货物的销售额缴纳相应的销项税。

VAT不仅适用于在英国境内产生的进口、商业交易以及服务行为，还适用于使用英国海外仓储存货物的行为，因为电商卖家的商品是从英国境内发货的。货物在销售前已经存放在英国本地，不是由英国买家进口进入英国的货物都需要缴纳VAT。因此，在英国使用仓储服务的电商卖家都要依法缴纳VAT。

如果货物出口时没有使用货物相应的VAT税号，那么就无法办理进口增值税退税。如果被海关查出存在借用非货物本身的VAT税号或使用无效的VAT税号等情况，海关有权将货物扣留，不予办理清关。

除此之外，如果电商卖家没有办法提供真实有效的VAT发票给海外的买家，那么买家可以直接取消交易，给卖家差评。电商卖家拥有真实有效的VAT，在合规合法经营前提下，可以受到法律保护，保障交易正常进行。这也有利于增强卖家的信誉度，提高商品的成交率。

各国的税务局会通过各种渠道查询跨境电商卖家的VAT税号是否真实有效，亚马逊和eBay等平台也逐步要求电商卖家提交VAT税号。电商卖家拥有真实有效的VAT税号更容易通过各个电商平台的审查，以防被电商平台封号，有利于电商卖家顺利开展外贸业务。

下面是在英国完成VAT注册的流程和申报的方式：

（1）跨境电商卖家提供完整的资料；

（2）代理机构审核好资料后，向税务局递交申请；

（3）跨境电商卖家收到VAT税号及税务局下达的通知文件（通知文件一般在2～5个工作日送达）；

（4）跨境电商卖家在3周内收到纸质版VAT证书；

（5）代理机构协助跨境电商卖家绑定VAT账号，并向卖家提前通知每季度的缴税日期；

（6）跨境电商卖家提供季度销售数据，代理机构制作季度申报表，并将申报表提交给英国税务海关总署；

（7）跨境电商卖家直接将季度税款打入英国税务局账户中。

申请VAT需要的材料有：法定代表人护照、公司营业执照、法定代表人身份证（如无护照，可以使用驾驶证）、电商平台系统信息。还需要一些辅助性材料（只需提供其中两项）：房屋贷款证明、工作相关登记文件、户口本个人相关页、租房合约、出生证、雇主证明信及合同。

13.3.3　商品被海关扣留的原因及应对方案

海关扣关是指由于商品违反了某些法律法规或商品本身存在一定问题，而被进出口国海关扣留，导致买家无法收到商品。在跨境电商贸易中，海关扣货是卖家经常会遇到的一个难题。这个难题一旦出现，无论是卖家自身的原因，还是物流服务商的原因，都会对卖家的利益产生严重影响，所以卖家必须尽力避免。一般情况下，商品被海关扣留的原因包括但不限于以下几点：

（1）进出口国限制商品的进出口；

（2）关税过高，跨境电商卖家不愿清关；

（3）商品是假冒伪劣品或者违禁品，进出口国海关直接销毁；

（4）商品申报价值与实际价值不符，跨境电商卖家必须支付处罚金；

（5）卖家无法出具进出口国需要的文件；

（6）物流服务商无法出具进出口国需要的文件。

商品被进出口国海关扣留时，常见的物流状态有以下几种：Handed over to customs（EMS）、Clearance delay（DHL）、Dougne（显示妥投，但是签收人是Dougne）。那么，作为交易主体的卖家应该如何应对扣关呢？主要有以下几种应对方案。

1. 确认收件人姓名

卖家第一步要做的是确认收件人的姓名是否正确，并确认是不是全名。以俄罗斯为例，收件人的全名应该包括姓、名、父姓。如果买家留下的并不是全名，那么卖家就应该尽快联系买家，让他提供真实的全名。

物流服务商也会联系买家让他提供真实的全名。物流服务商会在订单创建以后，提前联系买家确认相关信息，这样做的目的是保证商品清关顺利。

2. 确认海关申报单

如果收件人姓名没有问题，那么卖家就要确认海关申报单。通常来说，海关申报单必须符合要求，虽然现在网上有很多模板，但卖家还是需要根据不同国家海关的要求填写海关申报单。

下面以速卖通EMS海关申报要求为例进行详细说明。速卖通EMS海关申报的要求具体包括以下几点。

（1）商品类EMS邮件应在详情单CN22栏目内和CN23报关单相关栏目内清楚、详细地填写与商品有关的信息，如3双运动鞋、2件呢子大衣、5件牛仔短裤等。

（2）速卖通EMS海关申报价值要正确、合理，并且卖家要清楚、详细地将其填写在邮件五联单、海关申报单、商业发票上。

（3）非个人邮寄的商品、样品、广告品、礼品等，需要提交形式发票。形式发票的内容应该包括收件人姓名及电话号码、寄件人姓名及电话号码、寄件地址、收件地址、商品相关信息（如名称、数量、价值、产地等）。

3.及时关注物流情况

在商品发出以后，卖家必须时刻关注物流情况，并在出现异常时尽快与买家和物流服务商取得联系。这样卖家就可以在第一时间了解扣关原因，然后有针对性地提供相关文件及证明。

4.选择靠谱的物流方式和物流服务商

卖家必须选择靠谱的物流方式和物流服务商。虽然有些物流服务商收费比较高，但清关能力非常强，可以为交易的达成提供十分有力的保障。

13.3.4　提高警惕，小心跨境欺诈事件

跨境电商的蓬勃发展引来了许多想要浑水摸鱼的不法之徒，跨境欺诈事件近年来时有发生，给买卖双方造成不小的损失。本节将介绍两种典型的欺诈行为，希望跨境交易中的买卖双方都能对此提高警惕。

1.买家收货后，退款欺诈

一些买家在电商平台下单，在实际收到商品后，却以快递放在家门口被别人拿走等理由向卖家提交退款申请。如果卖家不同意买家的退款申请，买家就会给卖家以及物流服务商差评。但如果卖家不明就里地通过了退款申请，那么买家的欺诈行为就达成了，从中获得不法利益，给电商卖家带来损失。

2.身份盗窃

身份盗窃是很普遍的一种欺诈方式，主要形式有盗号、网络"钓鱼"两种。信用卡和电商平台支付方式成为欺诈者的重要目标，欺诈者会利用盗取来的支付手段与卖家交易。现在各个电商平台针对这一欺诈行为采取了防范措施，预防身份盗窃。

身份欺诈者常使用的一种新兴欺诈方式是网域转嫁，即欺诈者将电商卖家的店铺网址嫁接到自己设定的错误的网址上。这样买家在浏览商品页面、下单支付时所产生的数据就会被欺诈者收集到，买家的支付方式也会被欺诈者锁定，买家支付的款项会进入欺诈者提前设定好的账户中。此外，欺诈者还会通过给电商卖家发送假的后台信息进行诈骗，卖家一定要提高警惕。